GW01452743

h	w	e	v	h		
e	n	s	d	a		
y	m	e	v	t	b	i
o	y	n	w	t	i	y
x	o	v	h	k	g	o
o	d	a	y	v	q	p
y	s	p	m	s	i	t

hat	he
go	day
sit	big
my	why

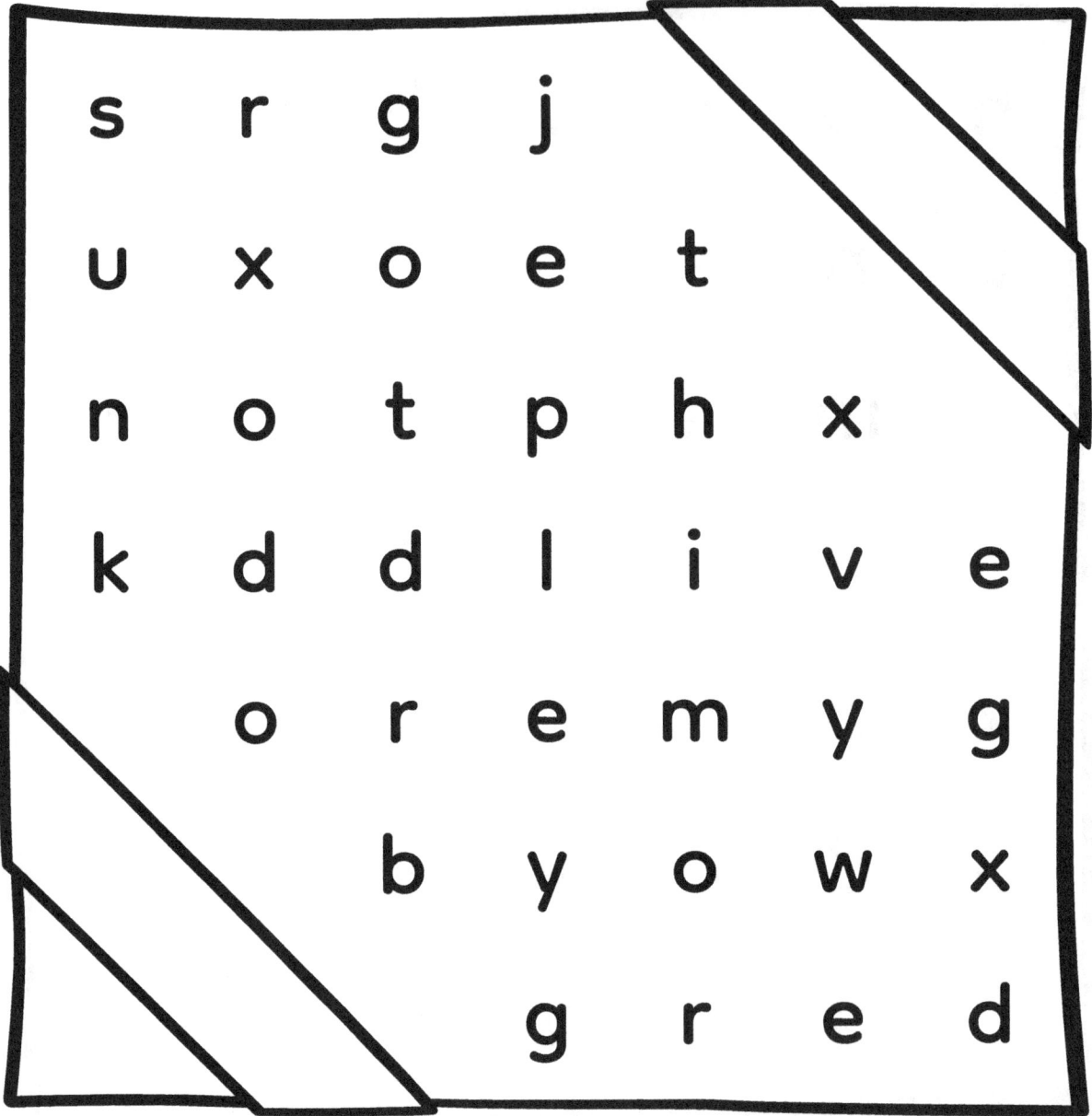

```
s  r  g  j
u  x  o  e  t
n  o  t  p  h  x
k  d  d  l  i  v  e
   o  r  e  m  y  g
   b  y  o  w  x
         g  r  e  d
```

sun   by

we   live

him   got

do   red

Difficulty ☆   Date:

```
i  l  p  p  o  t
a  m  i  c  b  t
r  a  y  o  u  p
o  n  e  w  t  w  b
y  s  i  f  l  u
                  y
```

cow   if
am   many
buy   but
up   new

- 3 -

a	m	j	j	e	t	o
d	c	a	r	b	k	n
m	j	y	u	b	a	u
o	w	a	n	t	n	s
s	y	b	h	m	o	u
a	n	d	r	i	n	p
y	g	g	h	s	j	l

car　　　　in

to　　　　want

say　　　　run

us　　　　and

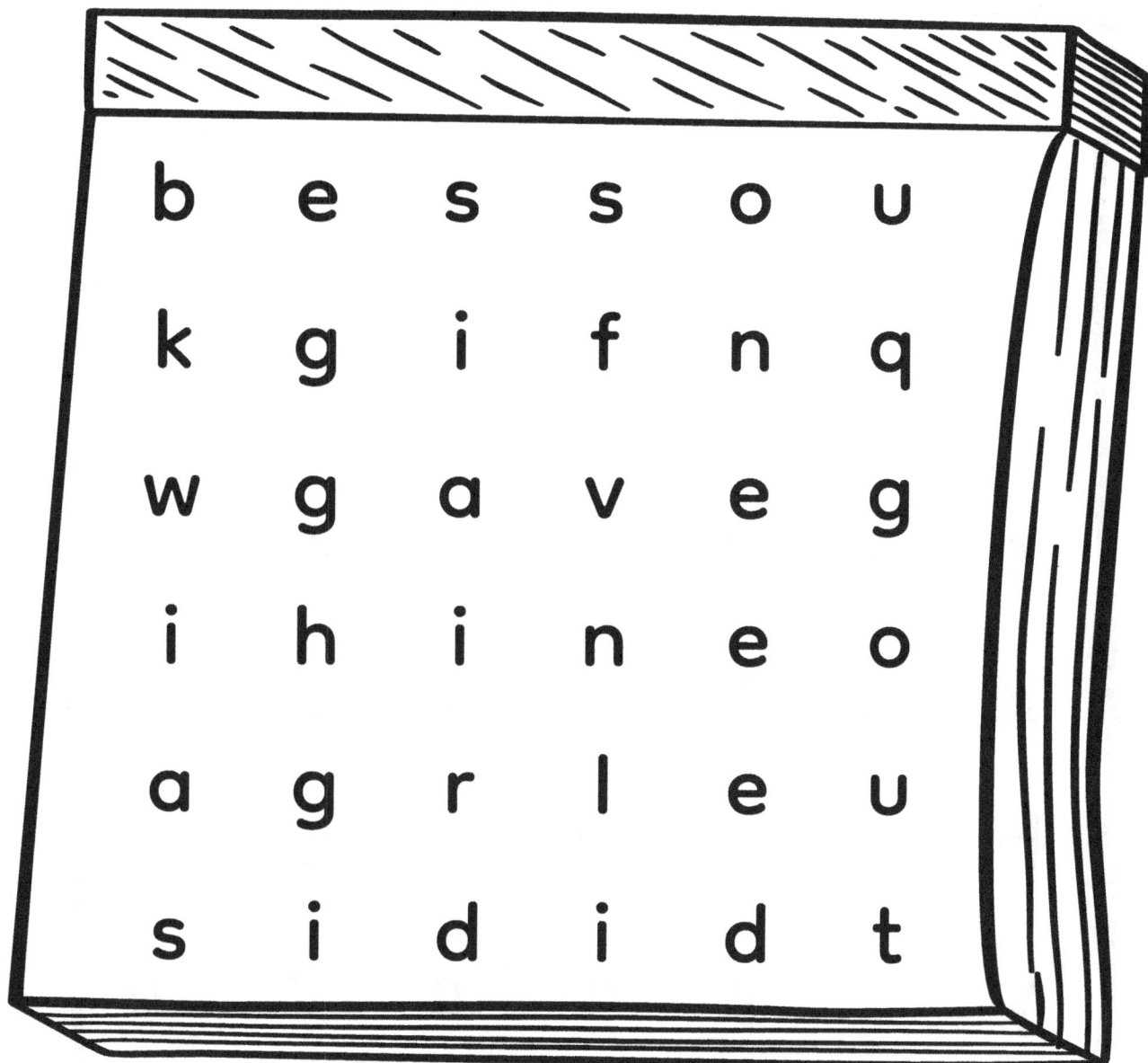

b	e	s	s	o	u
k	g	i	f	n	q
w	g	a	v	e	g
i	h	i	n	e	o
a	g	r	l	e	u
s	i	d	i	d	t

egg   did

be   gave

out   one

as   air

n	l	m	w	w		
p	n	s	i	x		
u	n	a	n	t	v	i
t	w	t	a	a	d	m
x	o	k	z	l	q	a
b	o	y	y	l	q	n
y	f	p	m	c	c	m

ant　　boy

of　　tall

put　　win

at　　man

Difficulty ☆   Date:

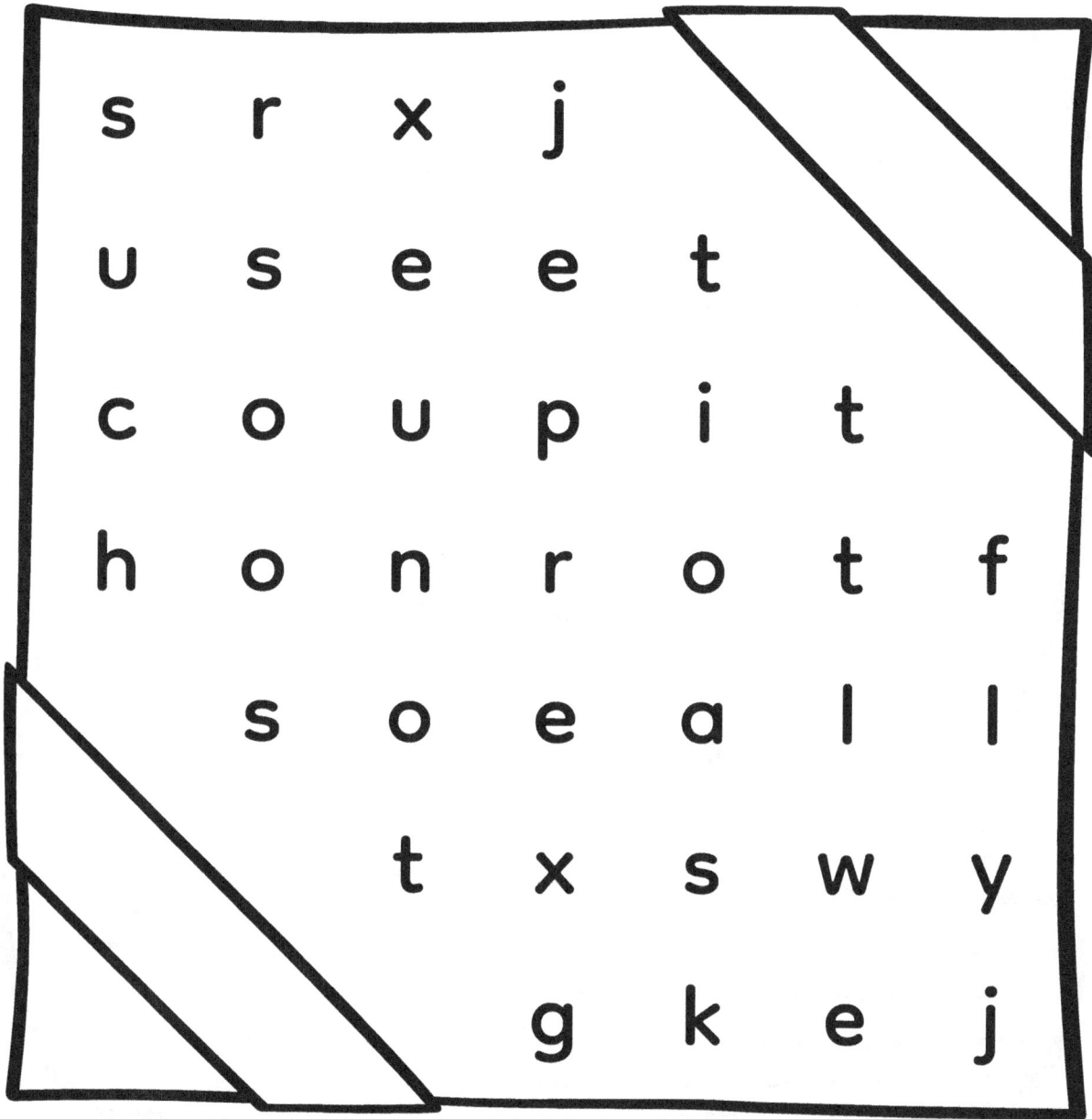

s	r	x	j		
u	s	e	e	t	
c	o	u	p	i	t
h	o	n	r	o	t	f
s	o	e	a	l	l
t	x	s	w	y	
	g	k	e	j	

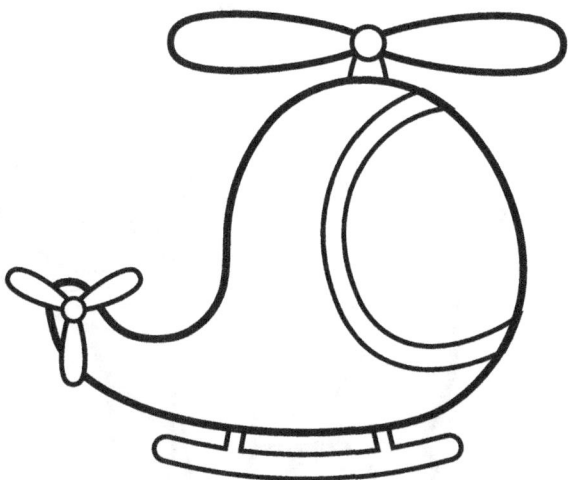

fly   use

so   such

not   all

it   ask

t	w	o	p	d	t
l	l	i	b	r	t
e	a	w	h	y	g
t	b	a	y	t	o	p
i	s	z	p	r	i
					g

pig   two

or   why

let   top

was   dry

r	m	j	j	e	n	o
a	y	e	t	b	k	n
n	j	c	o	m	e	l
o	u	i	y	l	a	k
h	o	t	h	m	t	u
i	j	k	r	h	z	p
s	b	a	d	c	u	o

toy   eat

no   come

his   ran

hot   bad

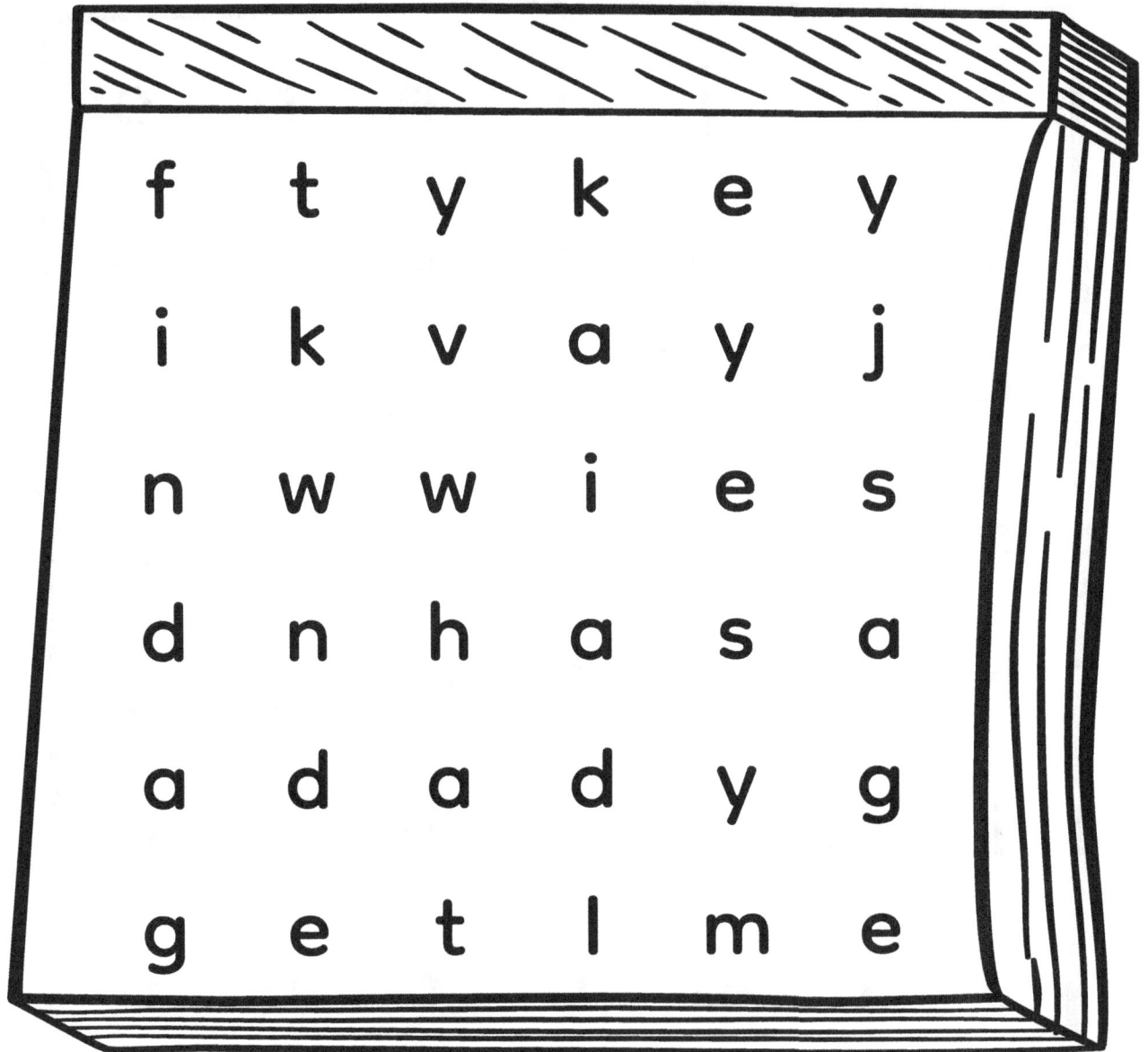

f	t	y	k	e	y
i	k	v	a	y	j
n	w	w	i	e	s
d	n	h	a	s	a
a	d	a	d	y	g
g	e	t	l	m	e

key   get

me   find

what   age

has   eyes

j	e	f	o	r
k	d	k	f	i
i	n	n	i	a	h	l
s	h	e	t	r	z	o
s	e	a	t	e	j	o
k	h	r	s	i	b	k
i	i	f	d	o	g	i

dog   she

is   look

near   are

for   sea

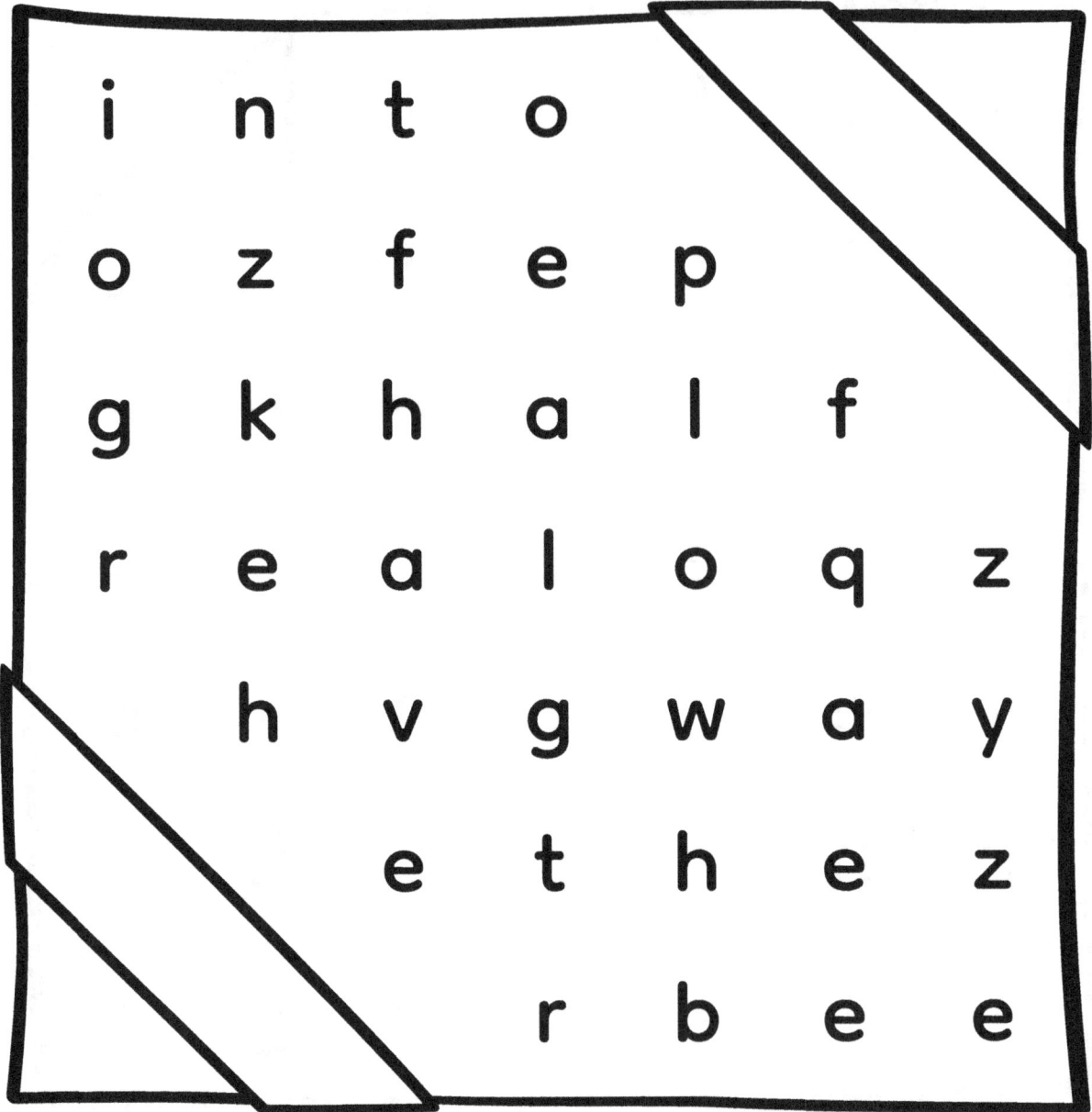

i	n	t	o			
o	z	f	e	p		
g	k	h	a	l	f	
r	e	a	l	o	q	z
h	v	g	w	a	y	
	e	t	h	e	z	
	r	b	e	e		

bee   the

low   into

half   way

real   have

```
g  o  t  j  s  w
a  b  m  u  s  t
n  u  m  s  f  o
y  s  i  t  u  g  c
o  o  n  l  y  u
                  t
```

bus   any

got   just

only   sit

cut   must

y t m l i v e
e r a u g j f
t m y q o o c
s q u v w q o
o p l a y y r
d r a q p s n
b i g i h i m

corn   may

live   go

big   him

yet   play

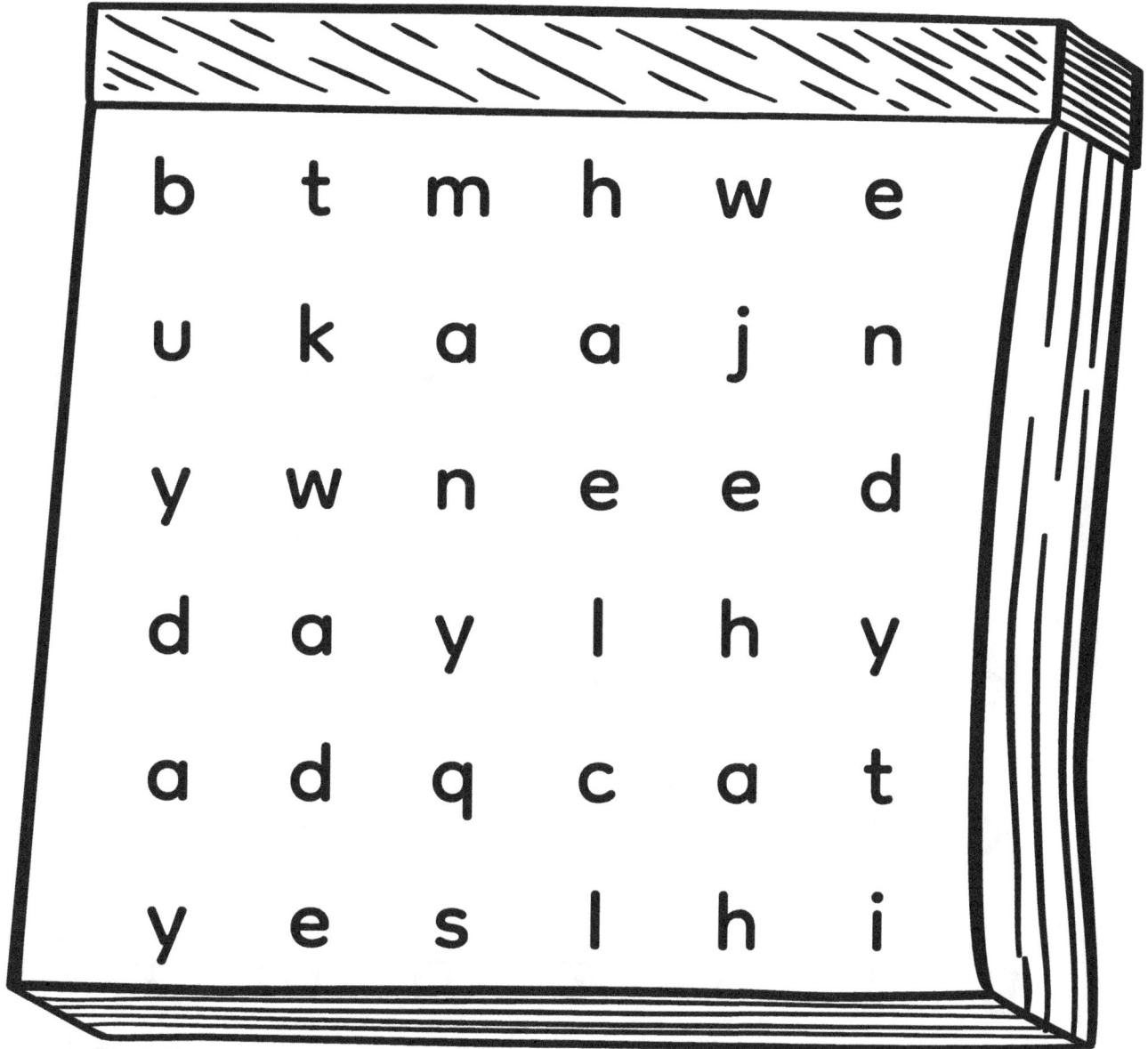

```
b  t  m  h  w  e
u  k  a  a  j  n
y  w  n  e  e  d
d  a  y  l  h  y
a  d  q  c  a  t
y  e  s  l  h  i
```

cat	end
many	we
day	buy
yes	need

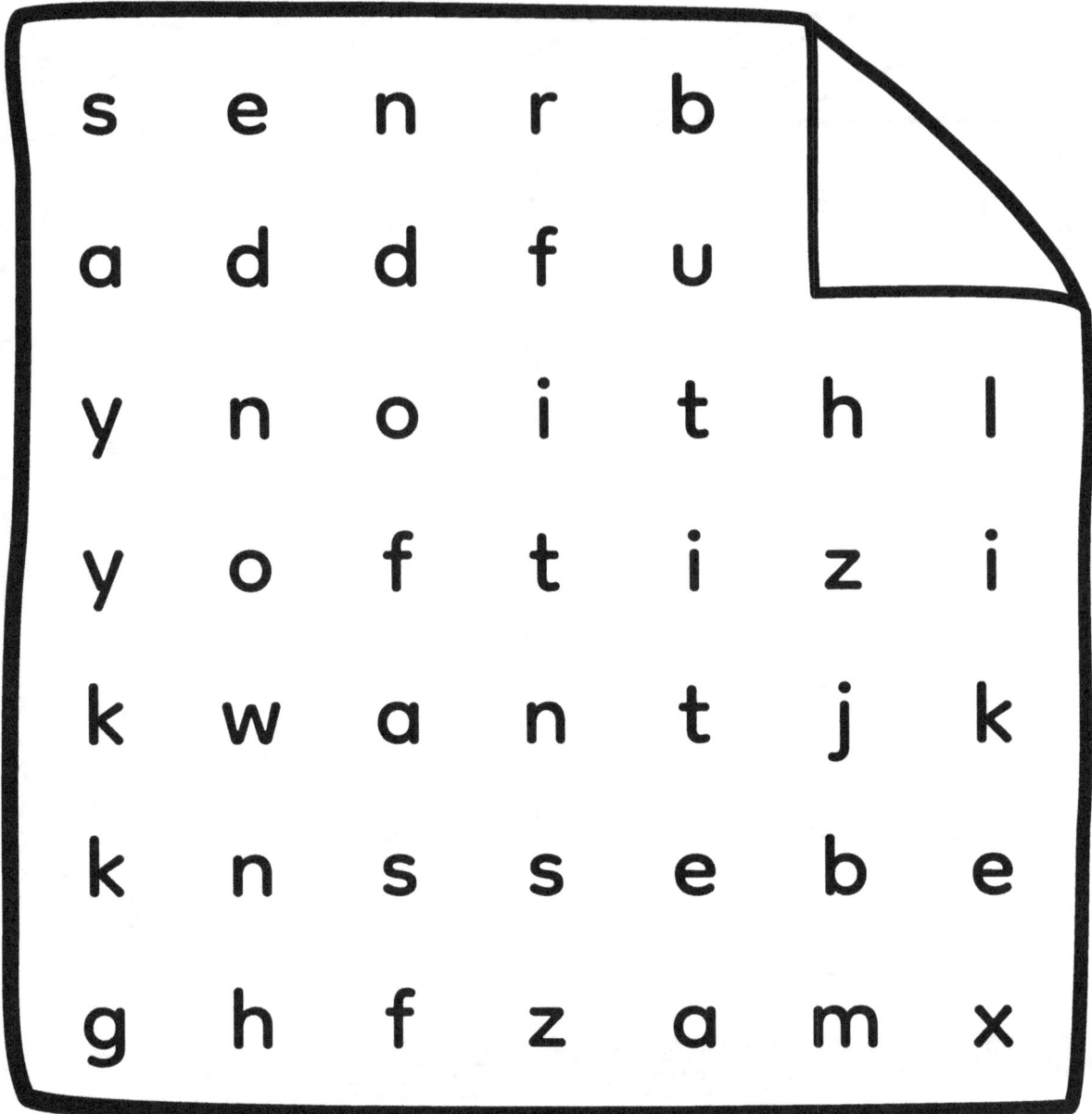

s e n r b

a d d f u

y n o i t h l

y o f t i z i

k w a n t j k

k n s s e b e

g h f z a m x

tea   add

want   am

but   say

own   like

```
o   r   u   n
o   z   s   e   p
g   f   a   s   t   f
q   e   w   a   r   q   g
    w   o   g   y   c   a
        i   t   e   j   v
        o   u   t   e
```

saw   few

gave   to

run   out

try   fast

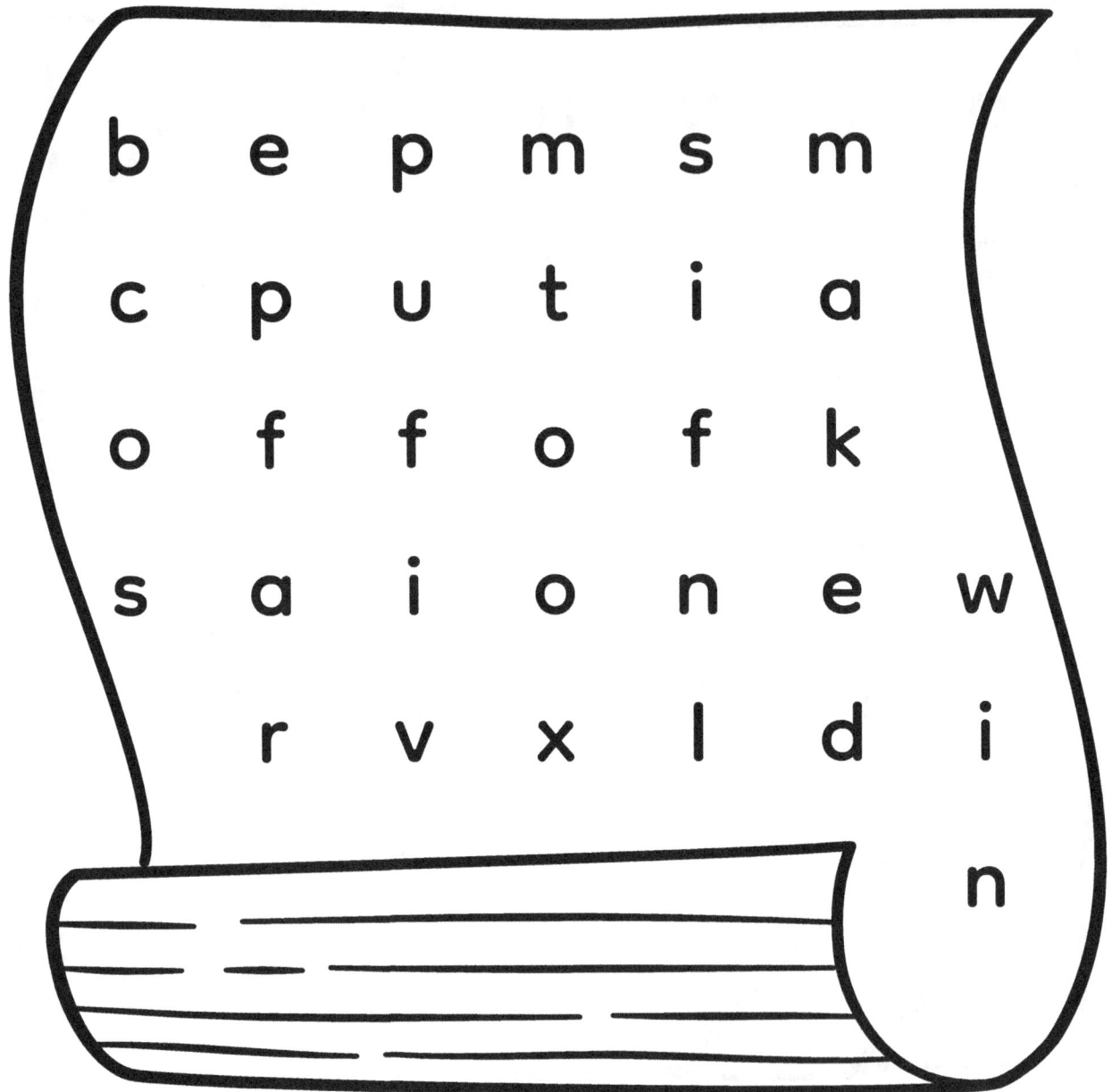

b e p m s m

c p u t i a

o f f o f k

s a i o n e w

r v x l d i

n

win   off

be   far

one   put

too   make

n o t q o f u

u u k u u j f

t r w s u c h

s q u v w q a

a k b o x y v

t a l l p s e

p h i d x p r

box   our

such   of

tall   not

old   have

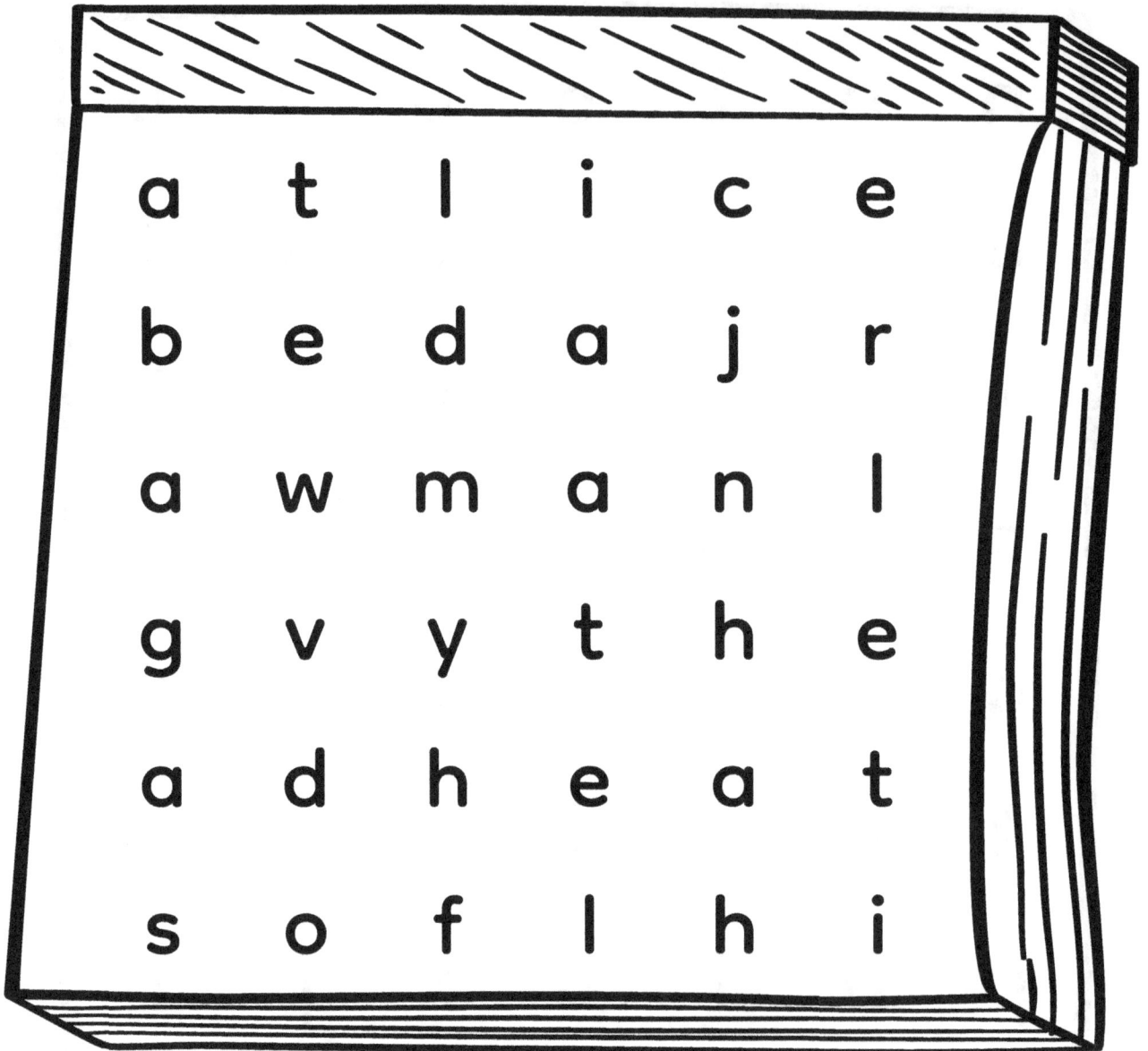

a	t	l	i	c	e
b	e	d	a	j	r
a	w	m	a	n	l
g	v	y	t	h	e
a	d	h	e	a	t
s	o	f	l	h	i

bag   bed

ice   so

man   let

ate   heat

- 20 -

h	i	s	r	c		
f	w	p	f	a		
e	n	c	i	n	h	b
s	n	o	w	i	y	s
k	q	m	d	t	o	p
w	h	e	n	m	u	o
g	h	f	o	r	p	x

snow   you

come   or

top   his

can   when

f y f c

i s l e p

n r a n n f

d v m o s t n

c p g i c o

i w x j w

w h a t

lamp	six
find	is
ran	what
now	most

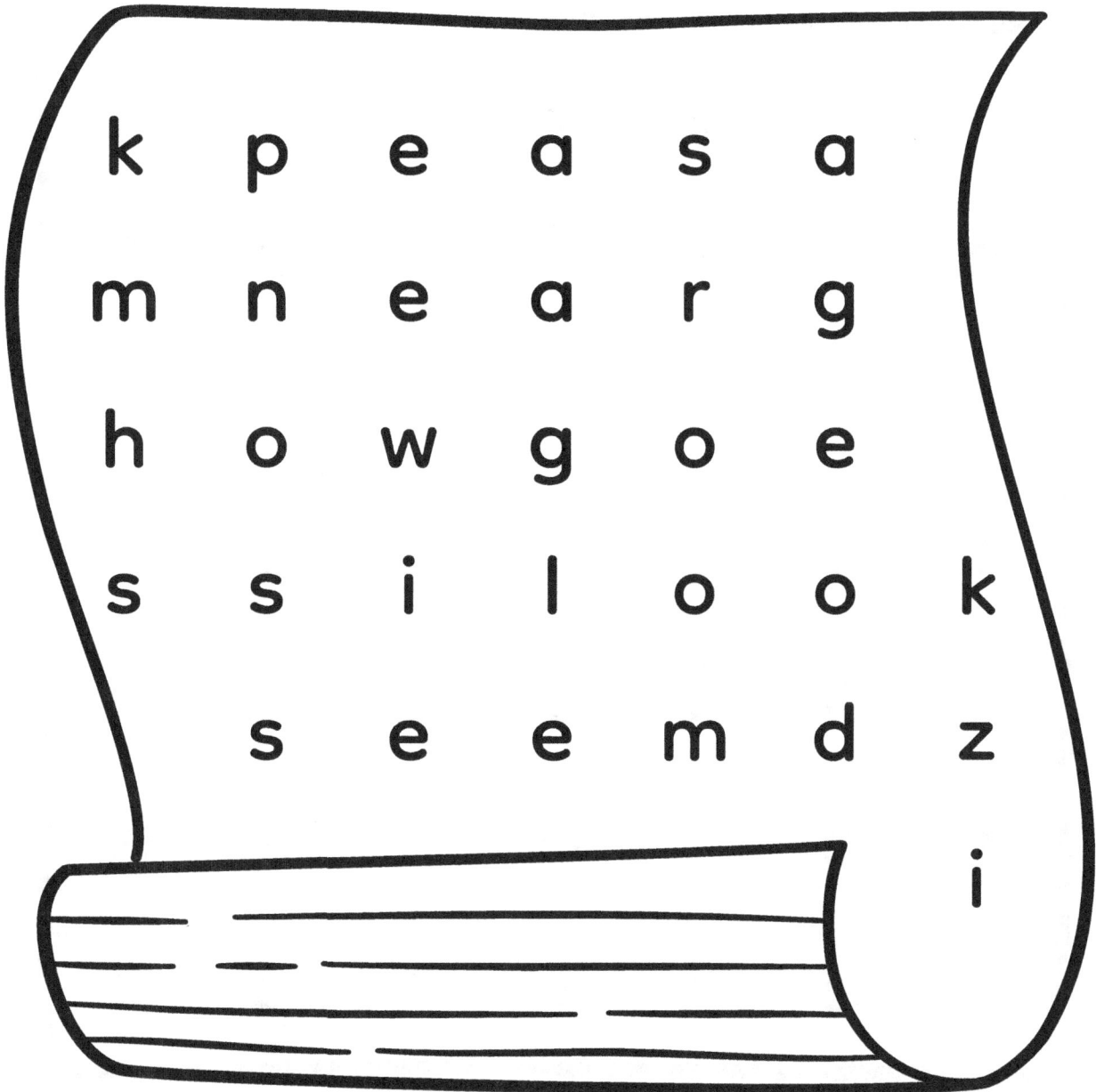

k p e a s a

m n e a r g

h o w g o e

s s i l o o k

s e e m d z

i

peas	see
look	no
age	near
how	room

t h e y r a u
h a l f u r f
t m o z t e n
s q s b w q i
i n t o y m e
m e s a p s w
h e r t s p x

boat   lost
into   me
are   half
ten   they

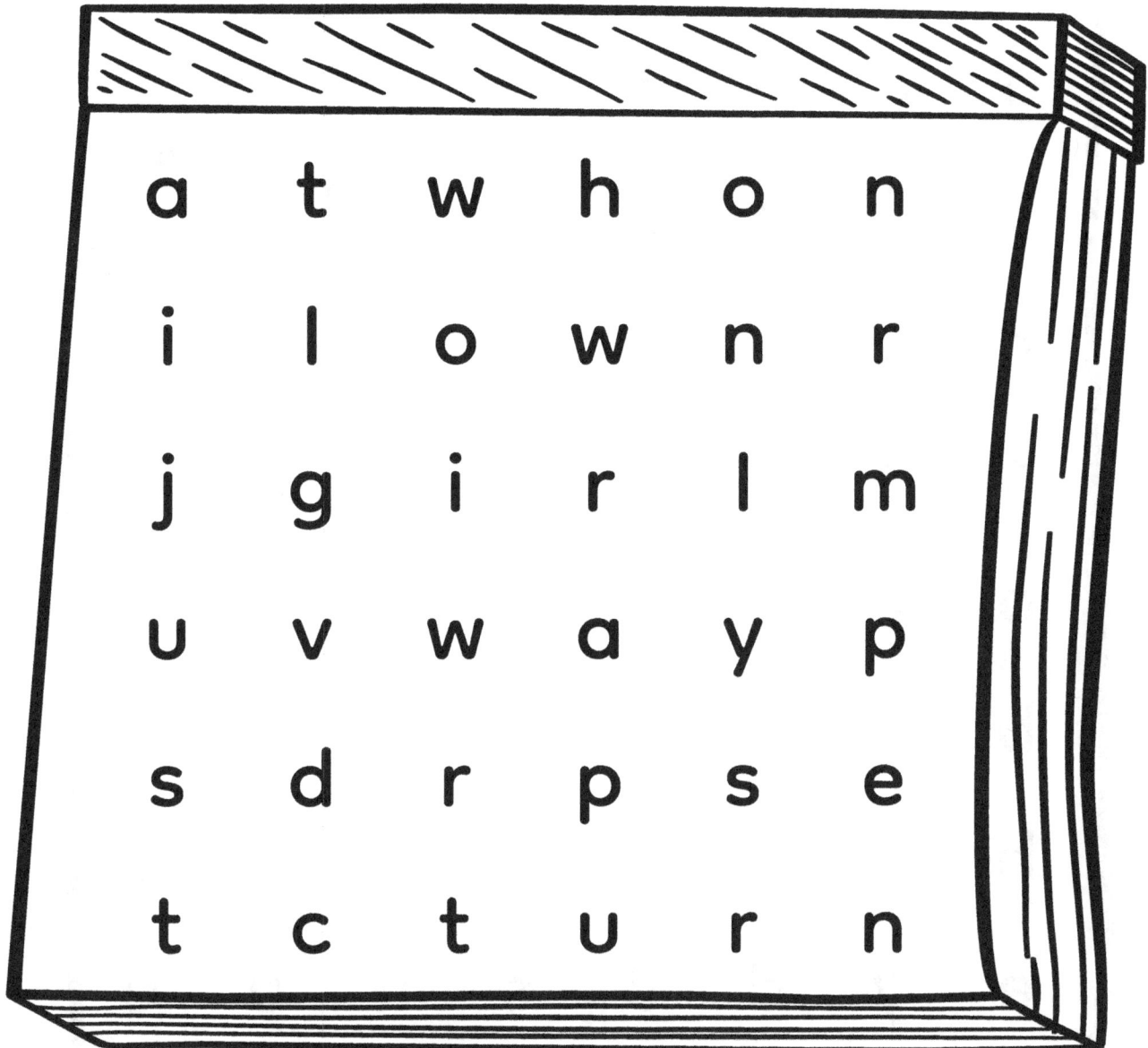

a	t	w	h	o	n
i	l	o	w	n	r
j	g	i	r	l	m
u	v	w	a	y	p
s	d	r	p	s	e
t	c	t	u	r	n

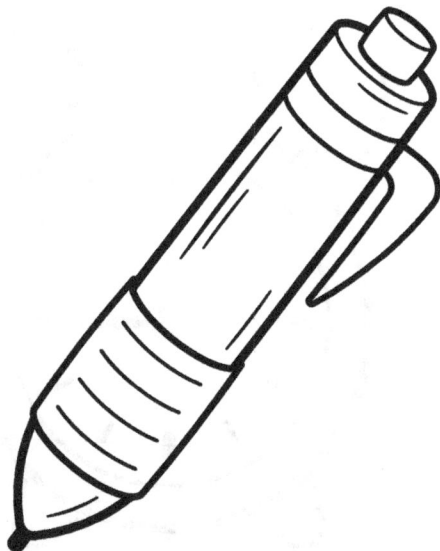

pen	turn
just	low
way	only
who	girl

g h e l p m

r i n s o y

h g l i b w w h

o h i d e a p m

o r n x n r q t

b h e q f m u i

h e r e i z y m

e y d s s h o e

time	high
warm	here
line	help
idea	shoe

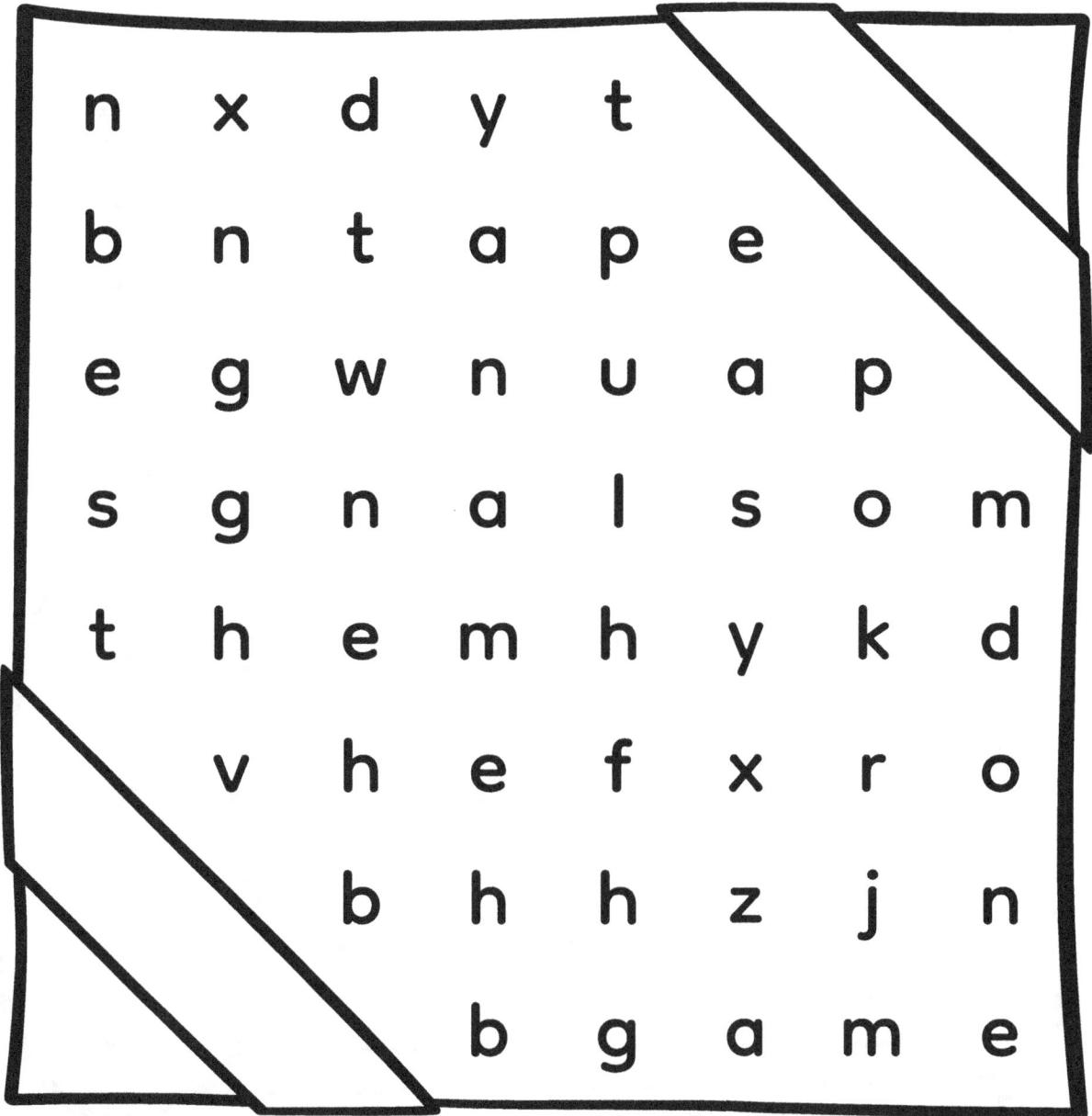

n x d y t

b n t a p e

e g w n u a p

s g n a l s o m

t h e m h y k d

v h e f x r o

b h h z j n

b g a m e

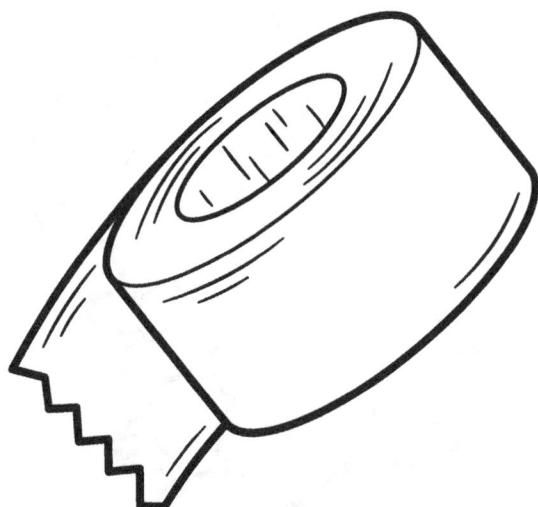

tape   easy

best   name

done   them

game   also

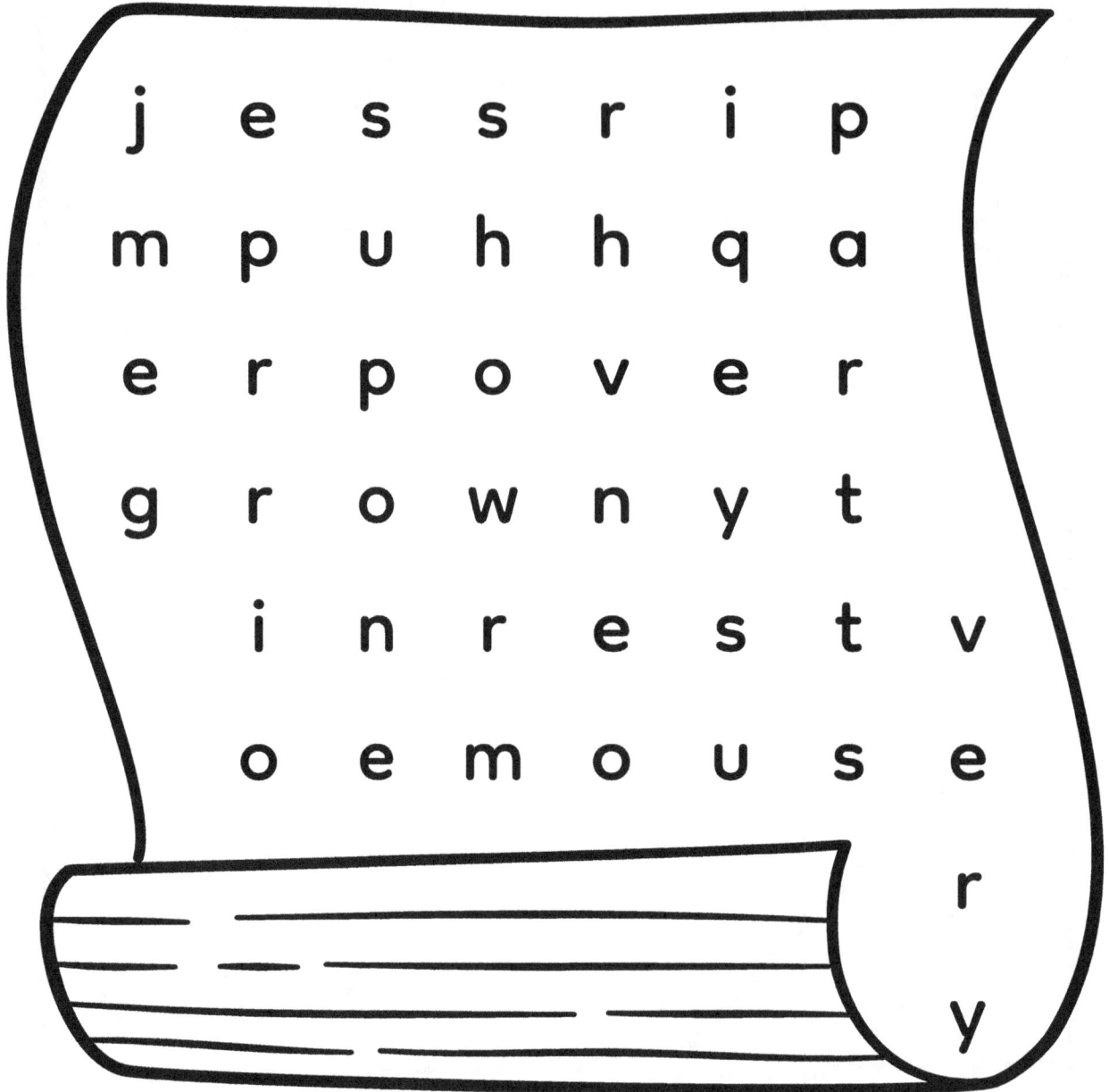

```
j  e  s  s  r  i  p
m  p  u  h  h  q  a
e  r  p  o  v  e  r
g  r  o  w  n  y  t
i  n  r  e  s  t  v
o  e  m  o  u  s  e
                  r
                  y
```

mouse   upon

rest   very

over   grow

show   part

w	w	x	g	a	b	l	e
s	t	a	y	h	k	x	g
x	c	f	k	y	w	h	w
s	o	o	j	w	e	a	v
h	u	r	t	d	e	b	s
x	e	m	i	l	k	r	i
t	a	k	q	x	p	c	z
q	g	f	y	f	i	v	e

milk   stay

five   form

week   able

hurt   size

Difficulty ☆☆   **Date:**

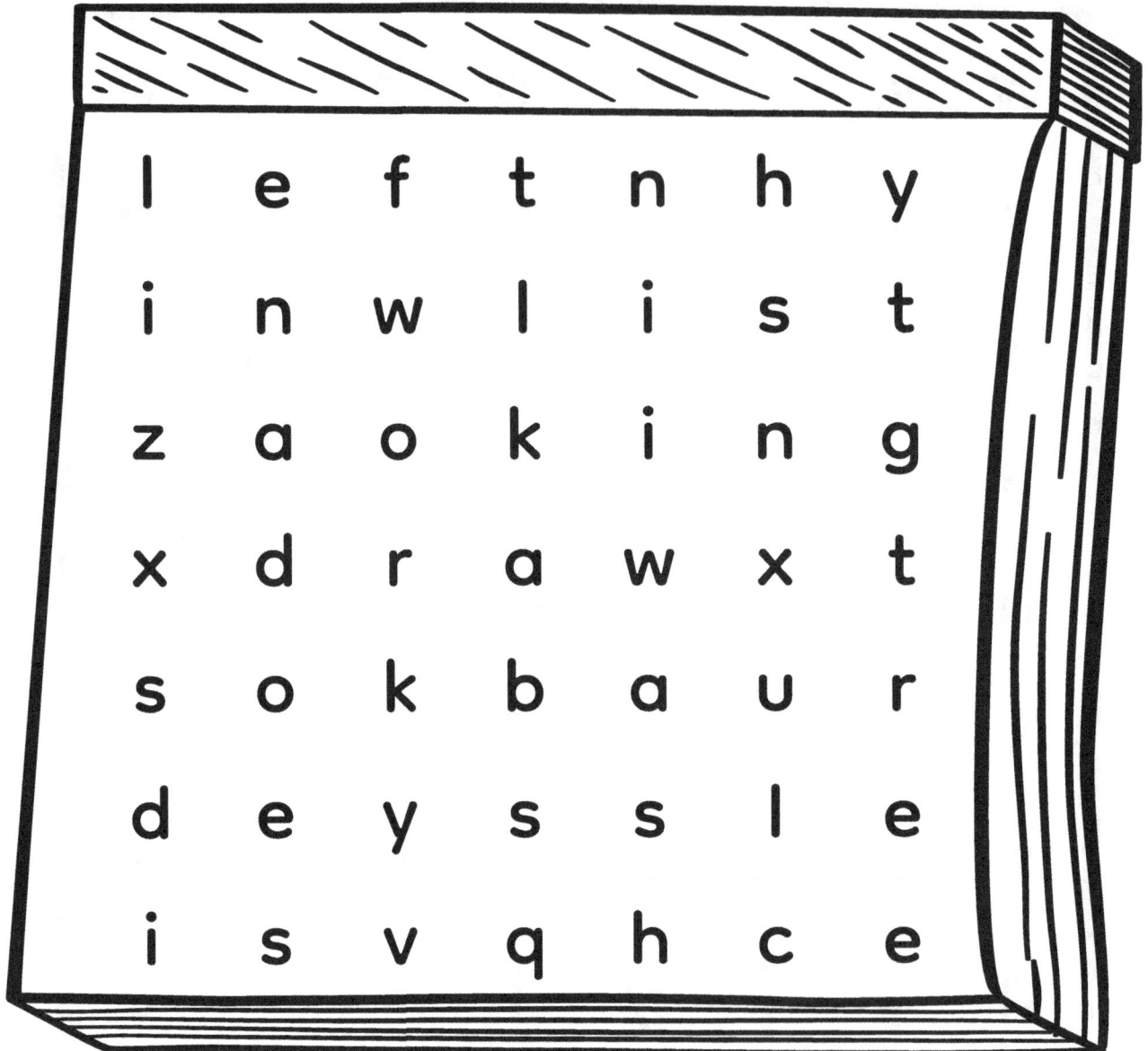

l	e	f	t	n	h	y
i	n	w	l	i	s	t
z	a	o	k	i	n	g
x	d	r	a	w	x	t
s	o	k	b	a	u	r
d	e	y	s	s	l	e
i	s	v	q	h	c	e

tree   king

left   wash

work   list

draw   does

```
g   f   u   l   l   m
f   b   d   i   o   p
h   m   k   t   b   u   w   h
o   f   t   o   o   l   p   m
o   c   n   l   n   l   e   g
b   a   n   d   f   o   u   c
f   m   c   d   k   e   e   p
b   e   e   n   q   w   e   r
```

tool	told
pull	full
came	keep
been	leg

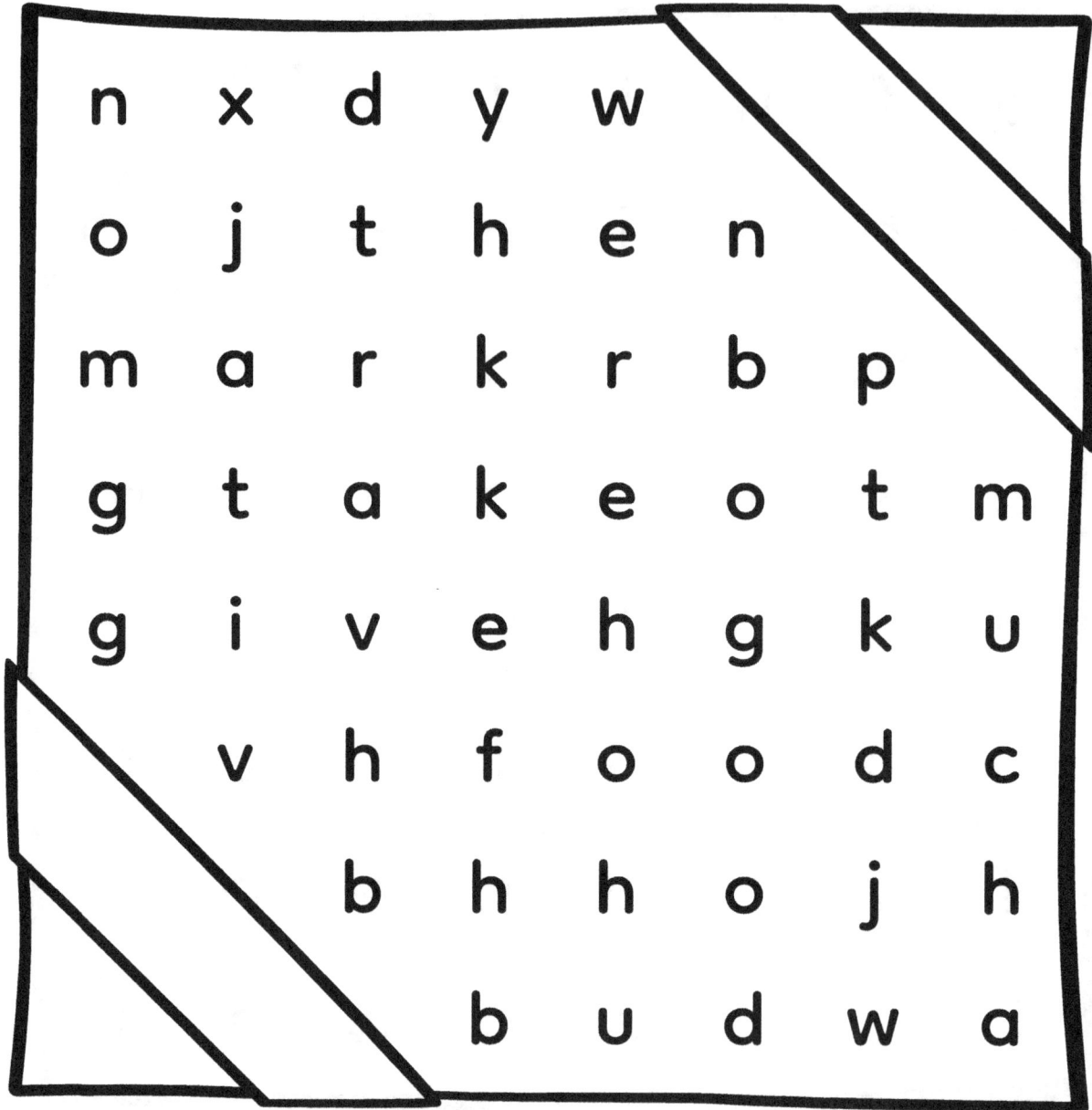

```
n  x  d  y  w
o  j  t  h  e  n
m  a  r  k  r  b  p
g  t  a  k  e  o  t  m
g  i  v  e  h  g  k  u
v  h  f  o  o  d  c
b  h  h  o  j  h
b  u  d  w  a
```

food	give
much	mark
good	were
take	then

Difficulty ⭐⭐   Date:

```
t  h  a  n  b  i  q
m  p  b  y  o  u  r
e  d  b  k  d  g  u
r  i  n  g  y  y  l
s  z  d  h  i  l  l
h  e  a  d  b  h  o
                  v
                  e
```

love   body
ring   dish
head   hill
your   than

- 33 -

t y m g r o a d
q g k v a k x g
b l a c k z h w
s u z j w e s v
t e l l d s a n
x e o p s z v a
t a n q s e e m
p a g e k r p w

glue   tell
save   seem
black   long
road   page

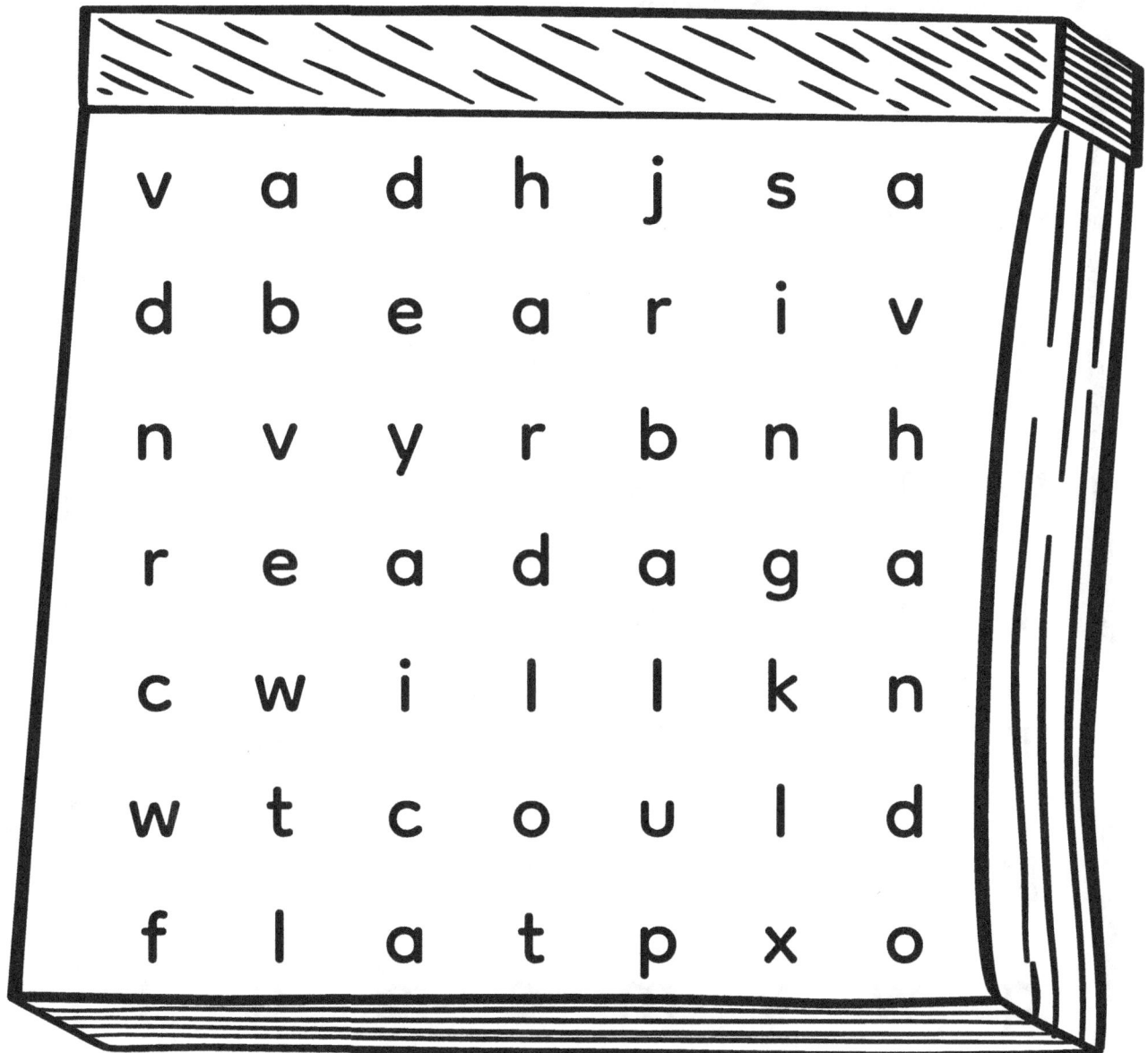

v a d h j s a
d b e a r i v
n v y r b n h
r e a d a g a
c w i l l k n
w t c o u l d
f l a t p x o

bear   flat
hand   hard
could   will
sing   read

- 35 -

t	f	r	o	m	f	
m	c	g	p	w	r	
l	t	w	d	b	o	t	h
w	v	h	q	l	g	j	e
f	r	e	e	u	n	o	r
r	p	r	p	e	t	n	i
p	r	e	e	v	j	c	i
q	w	y	m	a	d	e	l

frog   made

both   once

where   blue

free   from

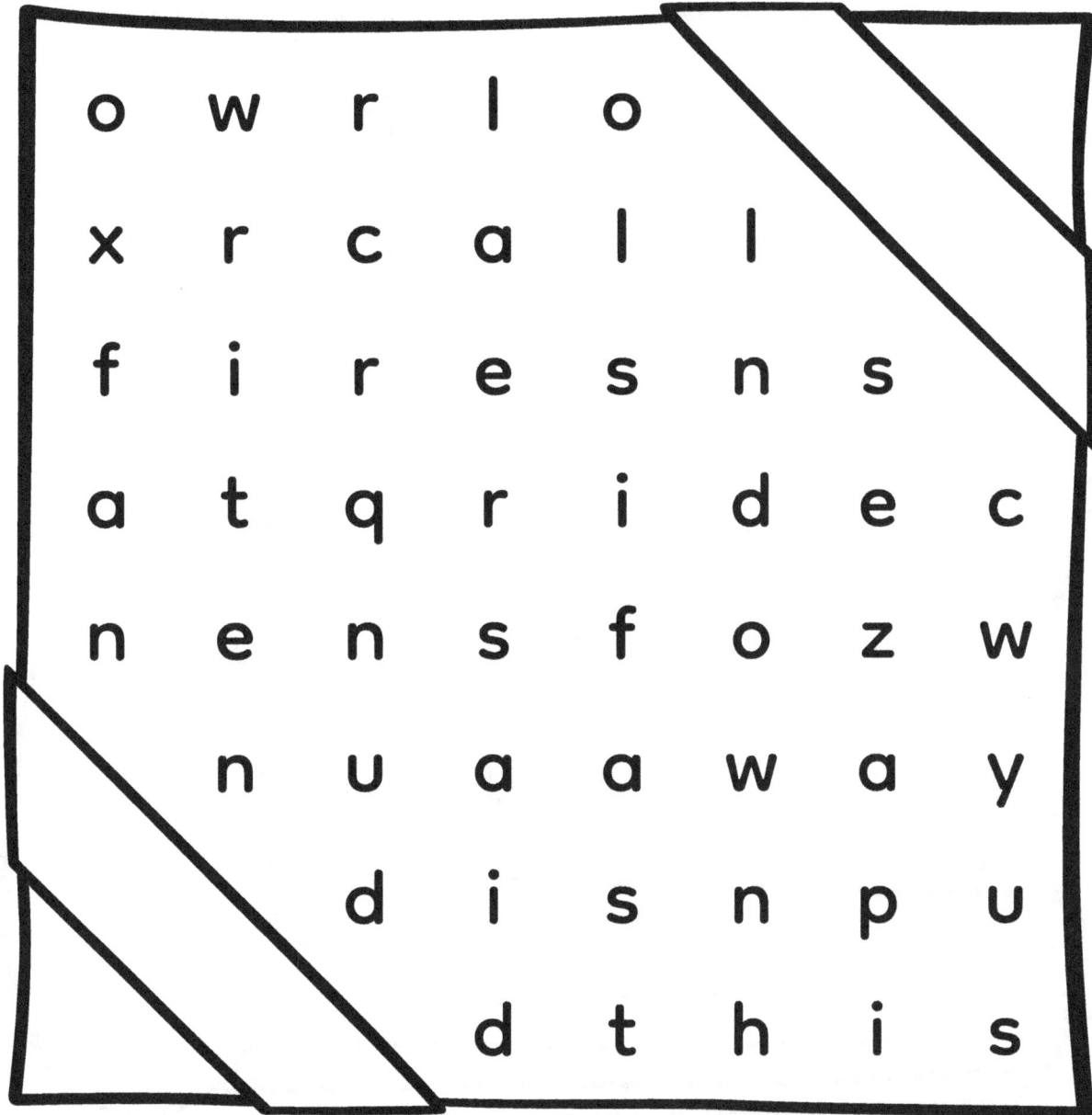

```
o  w  r  l  o
x  r  c  a  l  l
f  i  r  e  s  n  s
a  t  q  r  i  d  e  c
n  e  n  s  f  o  z  w
n  u  a  a  w  a  y
   d  i  s  n  p  u
   d  t  h  i  s
```

fire	down
said	call
write	ride
this	away

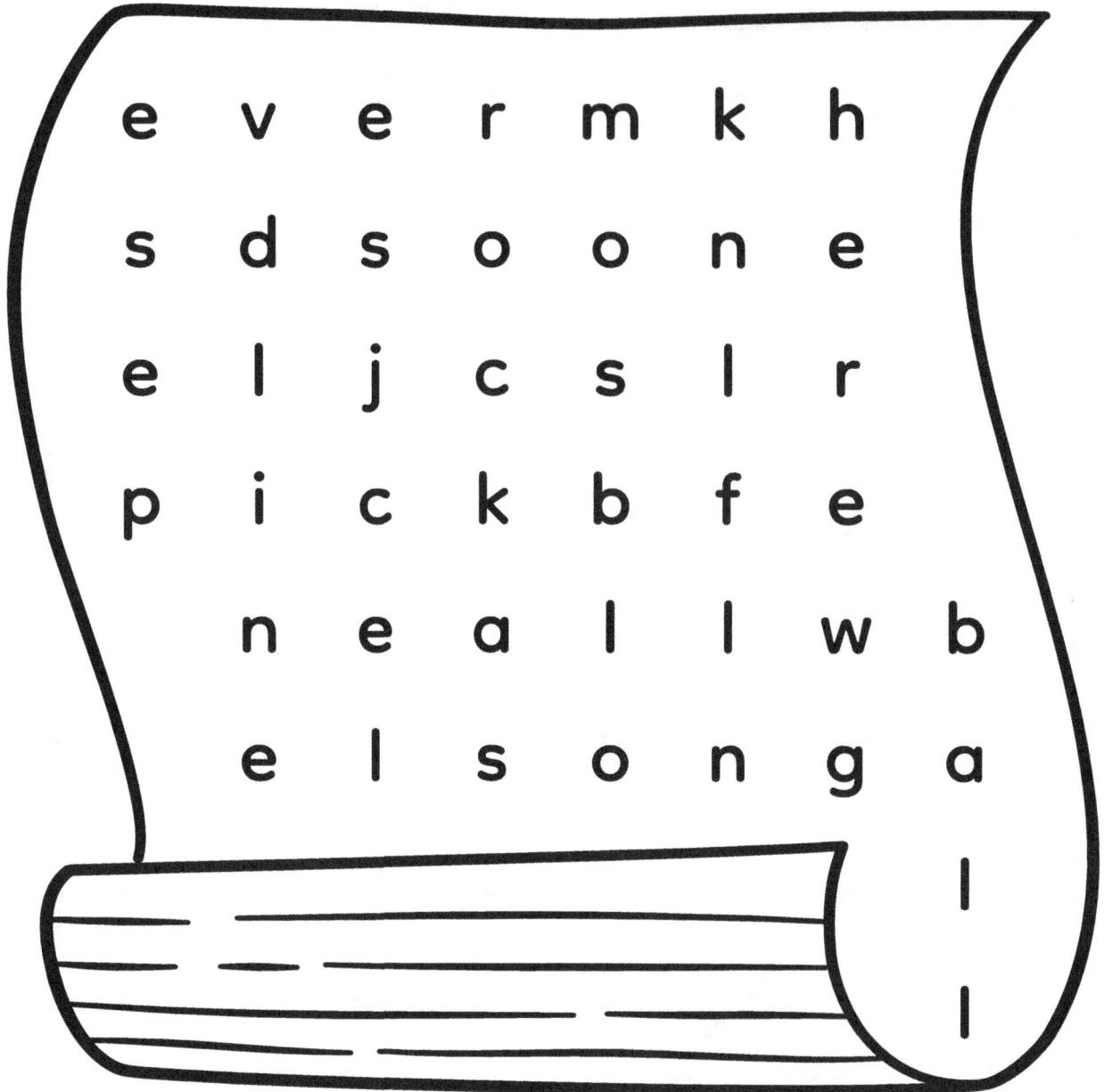

```
e  v  e  r  m  k  h
s  d  s  o  o  n  e
e  l  j  c  s  l  r
p  i  c  k  b  f  e
n  e  a  l  l  w  b
e  l  s  o  n  g  a
                  l
                  l
```

ball   soon

here   pick

rock   line

song   ever

i q l g d g p l
t n o b o o t s
u a h j n c y o
s m o r e n t f
w e w r d l j t
z i h e l p e n
w a r m n i l v
u a w e e a c h

boots   each
name   warm
help   done
soft   more

- 39 -

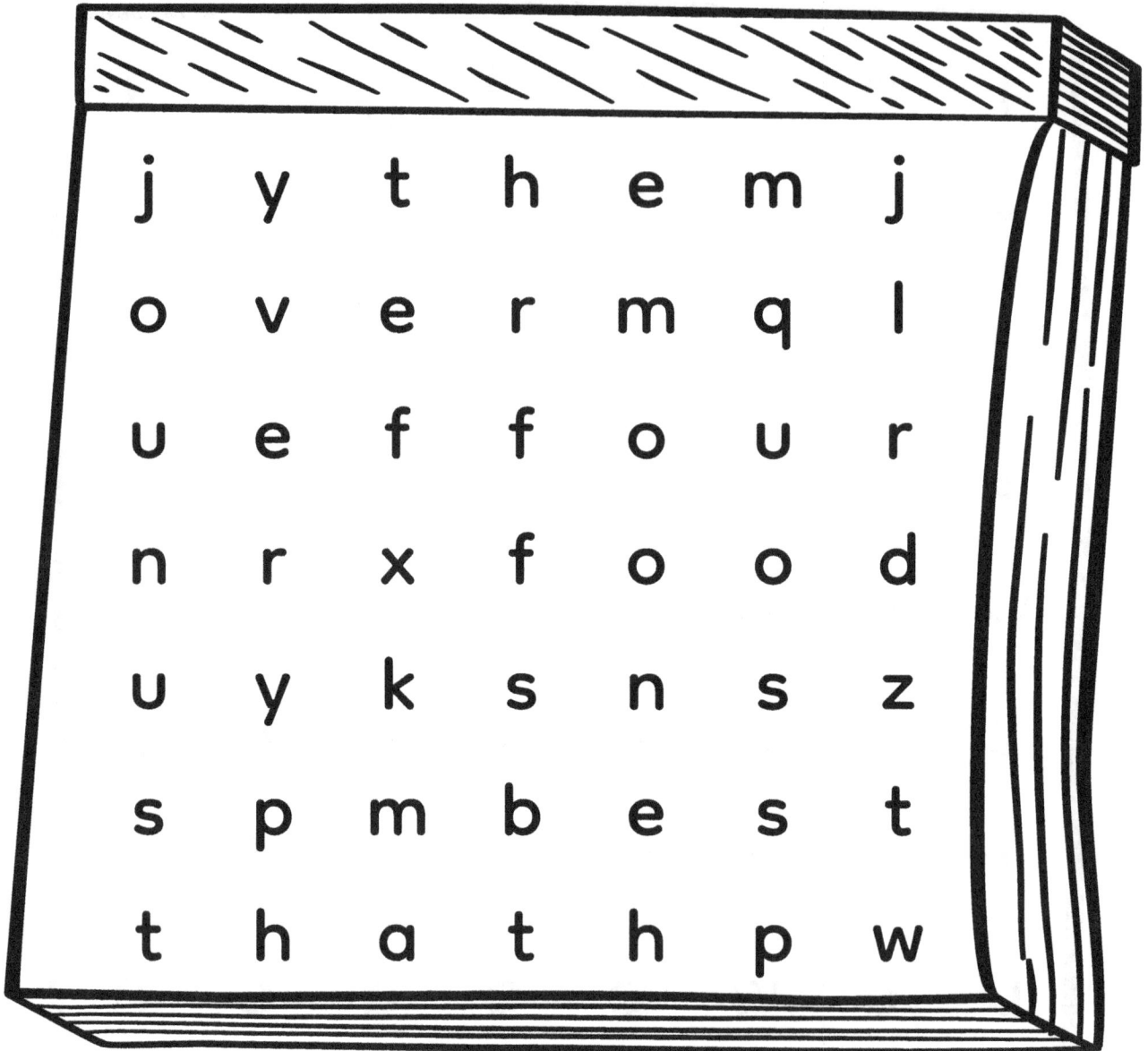

j	y	t	h	e	m	j
o	v	e	r	m	q	l
u	e	f	f	o	u	r
n	r	x	f	o	o	d
u	y	k	s	n	s	z
s	p	m	b	e	s	t
t	h	a	t	h	p	w

moon   four

very   best

them   over

that   food

y r l a s t

i e t e j p

u g r o w z y h

f f g p j k r z

i q f c w e e k

s s o m e x s f

h i r c n k t z

s p m b t k n i

fish   some

form   rest

grow   week

last   went

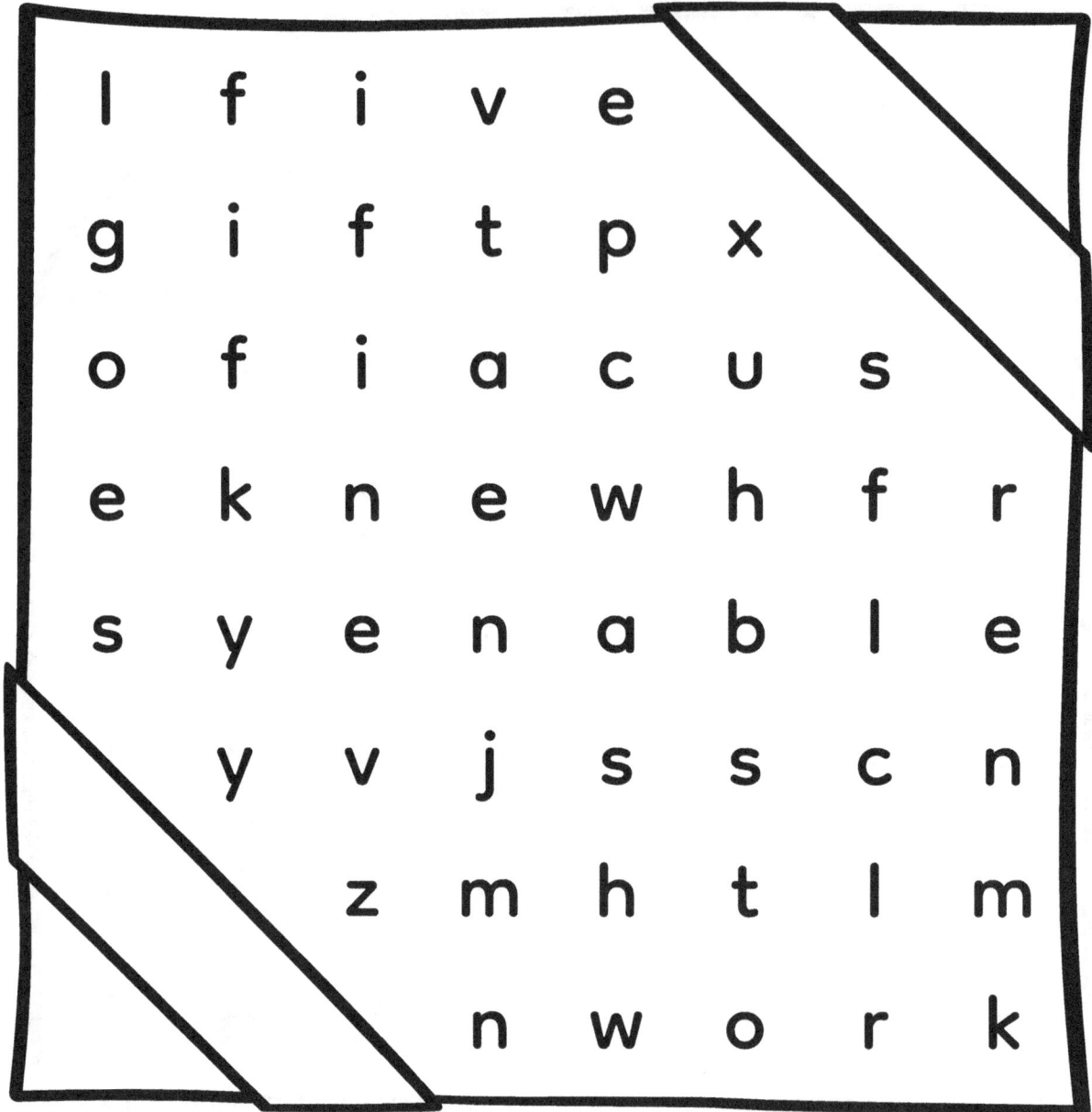

l f i v e

g i f t p x

o f i a c u s

e k n e w h f r

s y e n a b l e

y v j s s c n

z m h t l m

n w o r k

gift   goes

wash   five

able   work

fine   knew

```
n  s  u  r  e  g  k
a  n  o  c  a  m  e
m  f  r  x  u  b  w
d  u  c  k  o  m  i
l  e  f  t  m  n  o
l  i  s  t  e  d  p
                  e
                  n
```

duck   sure

full   left

list   came

wind   open

v h g u e m m j
i w i t h h a y
p t x m b b r d
u p l f c a k e
l e s s t c g b
l k r e d k t t
i g v e u d o l
g o o d n s l d

cake   with

mark   pull

seed   good

less   back

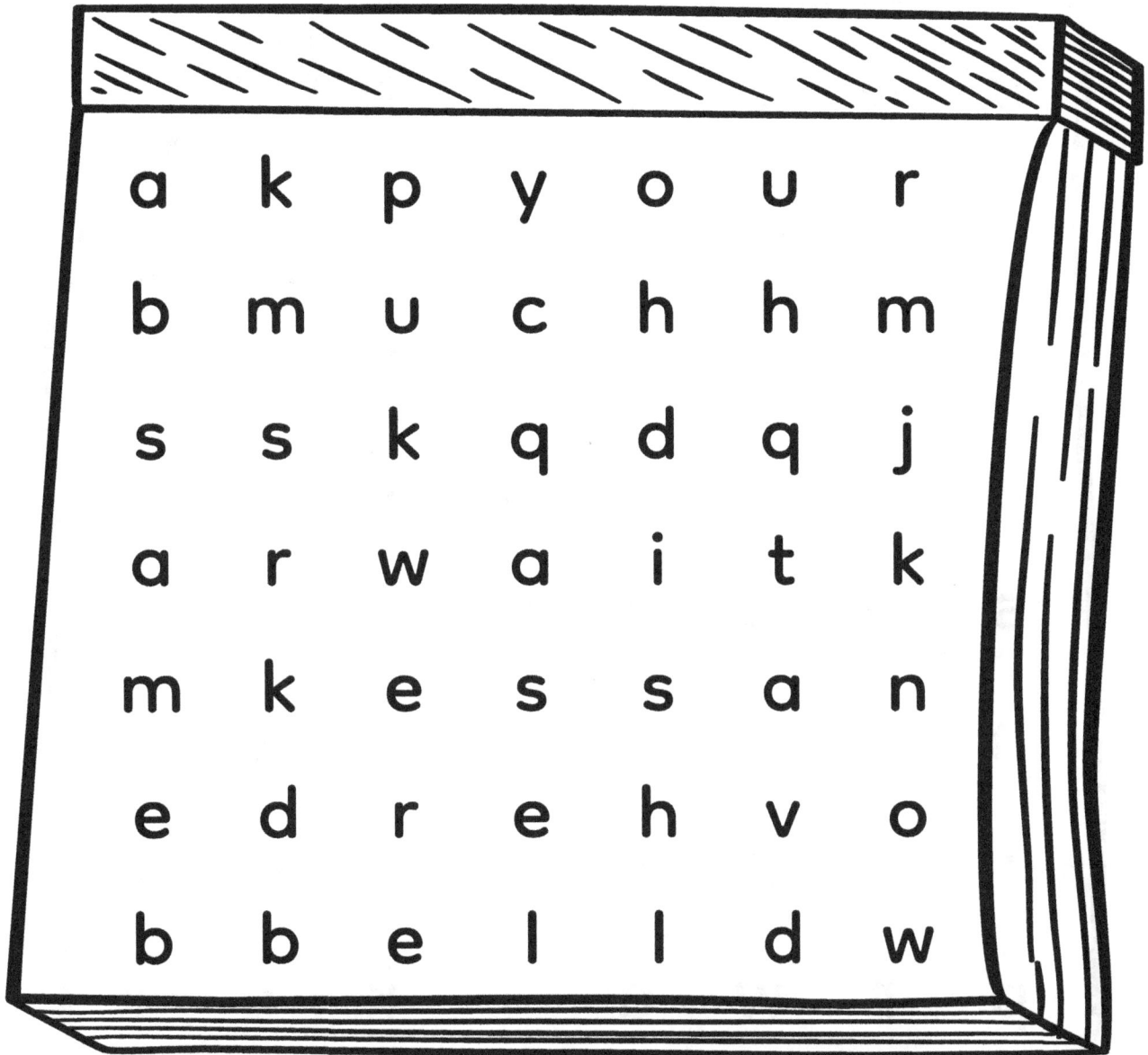

a	k	p	y	o	u	r
b	m	u	c	h	h	m
s	s	k	q	d	q	j
a	r	w	a	i	t	k
m	k	e	s	s	a	n
e	d	r	e	h	v	o
b	b	e	l	l	d	w

bell   wait

dish   much

were   your

same   know

- 45 -

```
a  o  d  f  b  h
i  h  x  s  v  e
w  o  r  d  s  a  z  j
n  m  w  v  y  d  b  b
s  e  e  m  w  i  n  l
h  i  l  l  c  m  e  a
i  e  s  h  y  w  m  c
p  r  w  a  l  k  q  k
```

ship   home

seem   head

hill   black

walk   words

o f a l l
w a v e s l l
i o b r a z c
s m i p v x o q
h a r d e l u f
m d b t b l u
w q w n d g
g l o n g

bird   fall
hard   save
wish   could
waves   long

```
w  h  e  r  e  k  j
i  l  p  c  c  i  n
l  o  s  o  u  n  d
l  n  o  l  q  d  t
c  x  d  g  h  j  r
e  y  f  e  e  l  a
                  i
                  n
```

cold   feel

once   rain

will   where

kind   sound

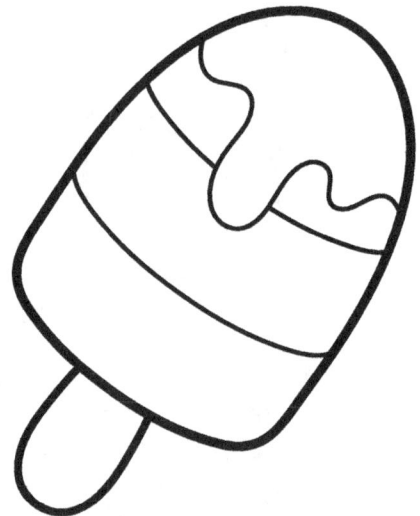

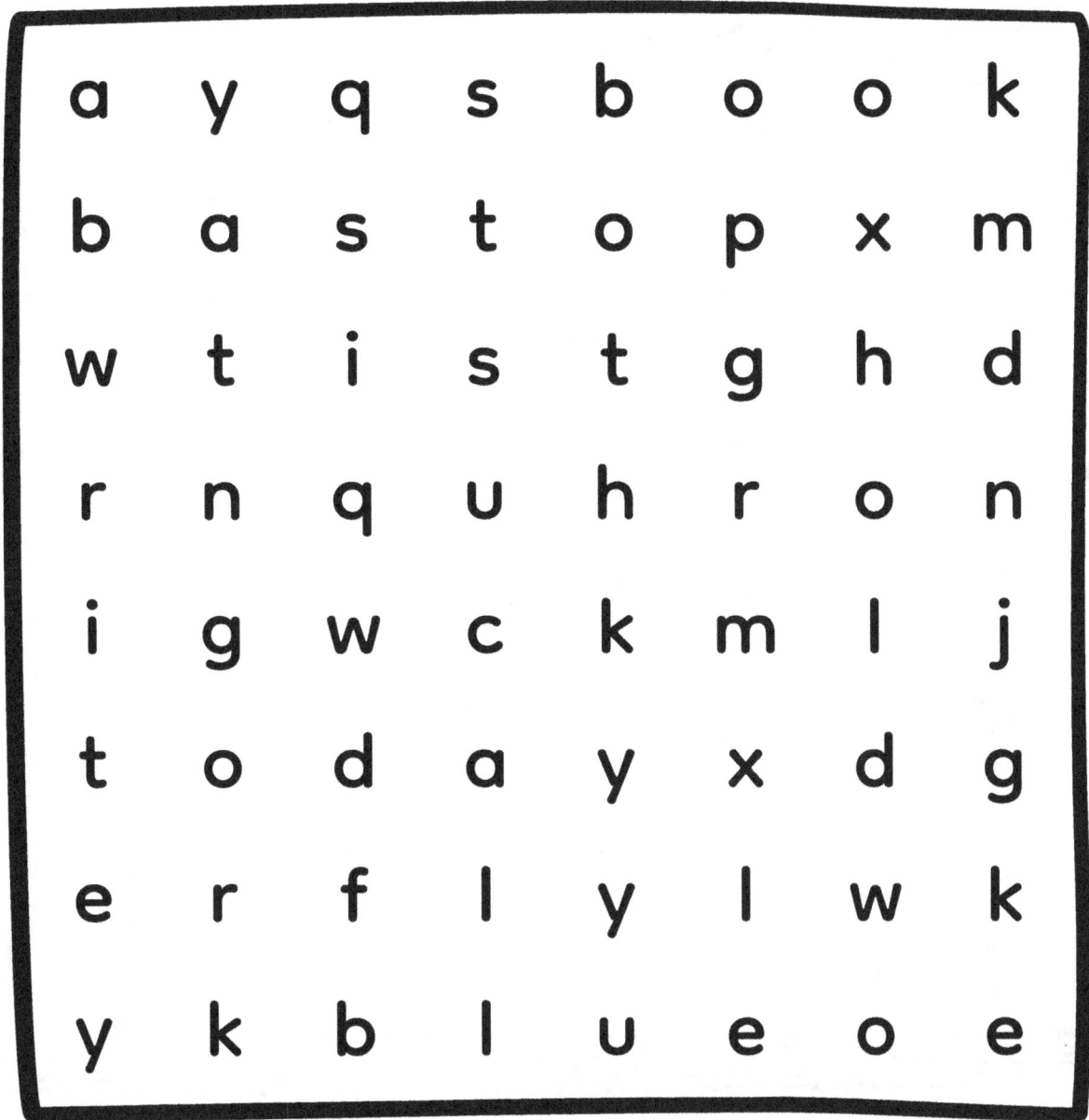

```
a  y  q  s  b  o  o  k
b  a  s  t  o  p  x  m
w  t  i  s  t  g  h  d
r  n  q  u  h  r  o  n
i  g  w  c  k  m  l  j
t  o  d  a  y  x  d  g
e  r  f  l  y  l  w  k
y  k  b  l  u  e  o  e
```

book   hold

call   both

blue   write

stop   today

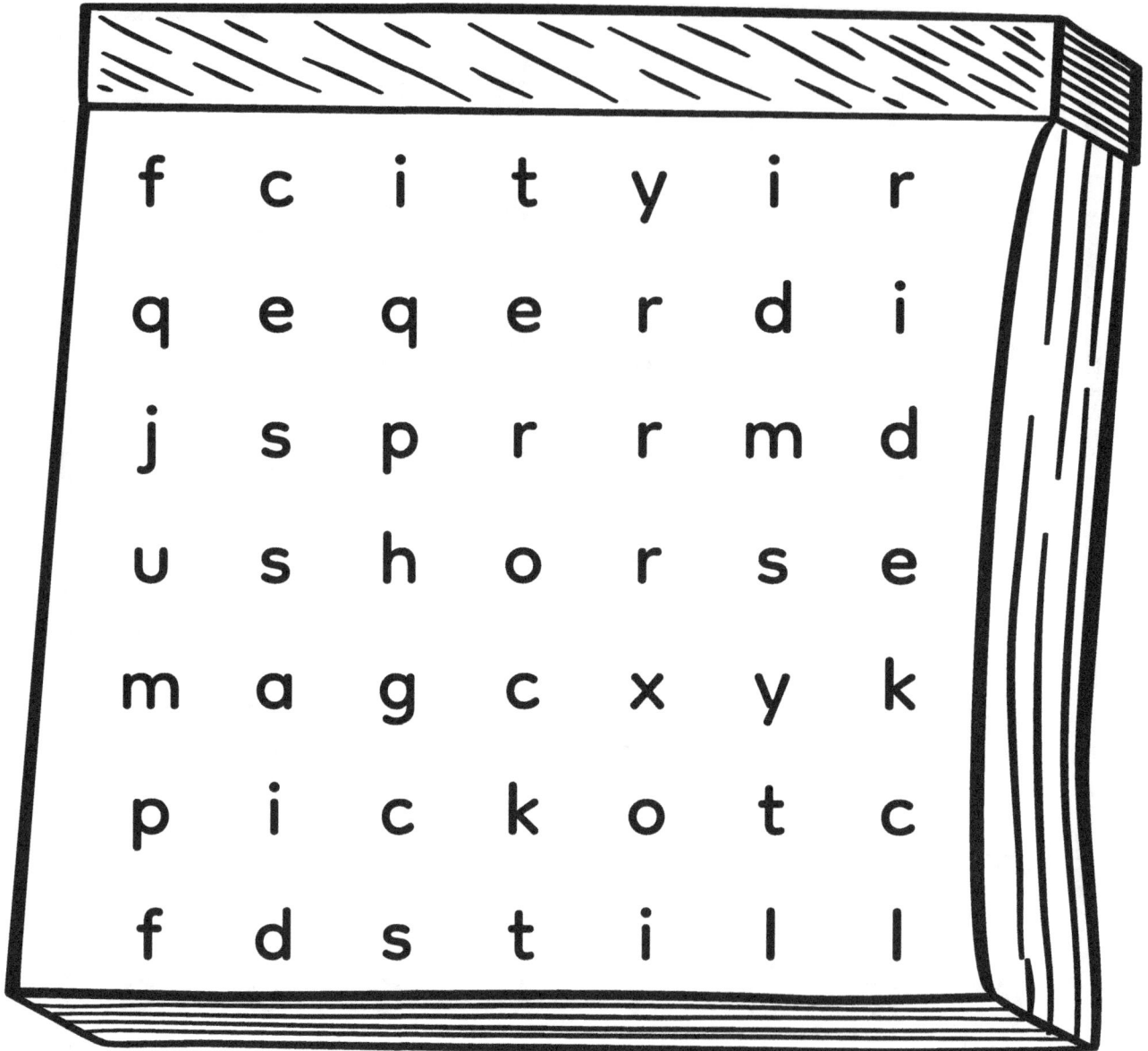

f	c	i	t	y	i	r
q	e	q	e	r	d	i
j	s	p	r	r	m	d
u	s	h	o	r	s	e
m	a	g	c	x	y	k
p	i	c	k	o	t	c
f	d	s	t	i	l	l

horse	jump
pick	said
ride	rock
city	still

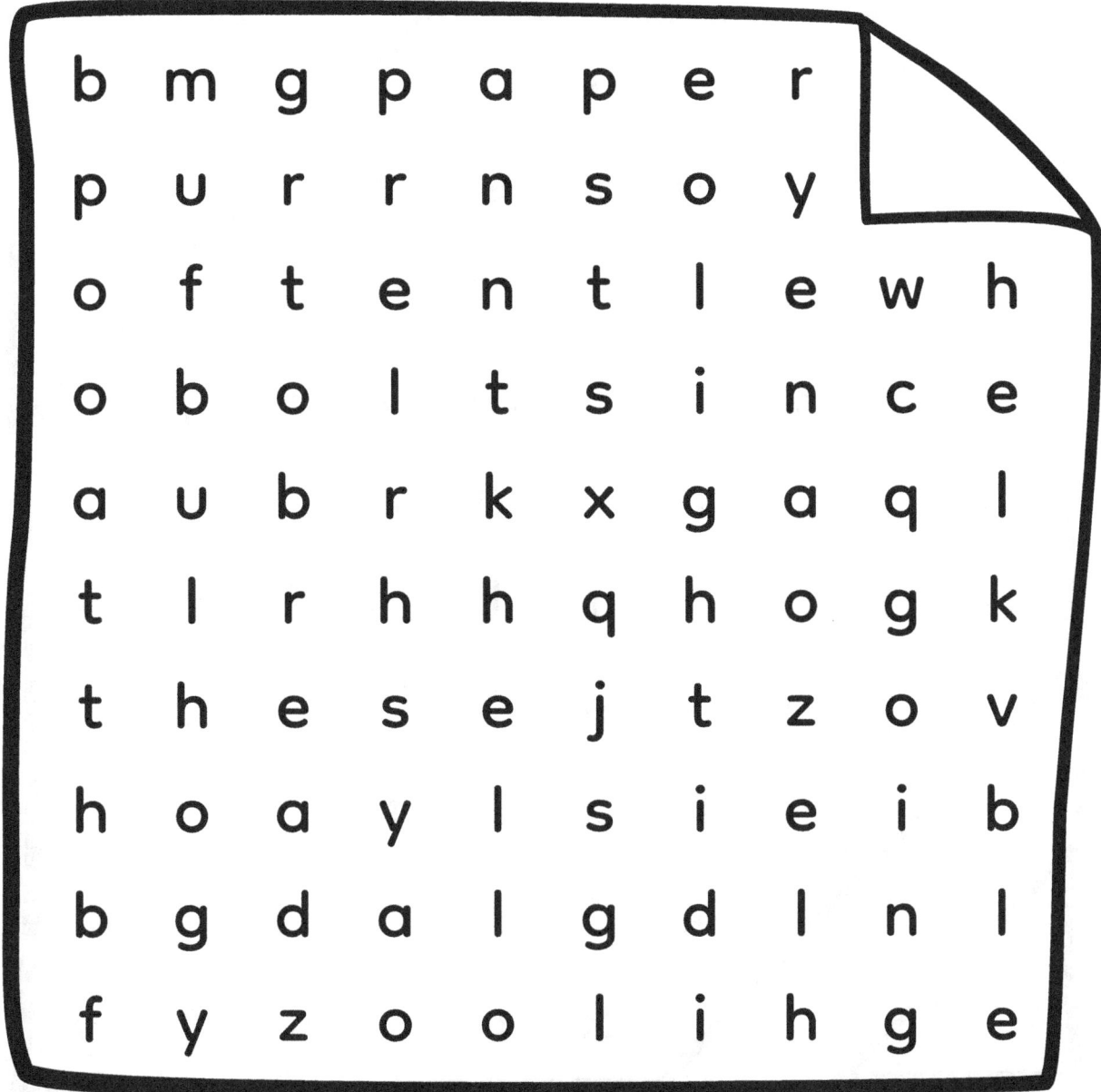

b m g p a p e r
p u r r n s o y
o f t e n t l e w h
o b o l t s i n c e
a u b r k x g a q l
t l r h h q h o g k
t h e s e j t z o v
h o a y l s i e i b
b g d a l g d l n l
f y z o o l i h g e

bread   going

light   often

hello   paper

these   since

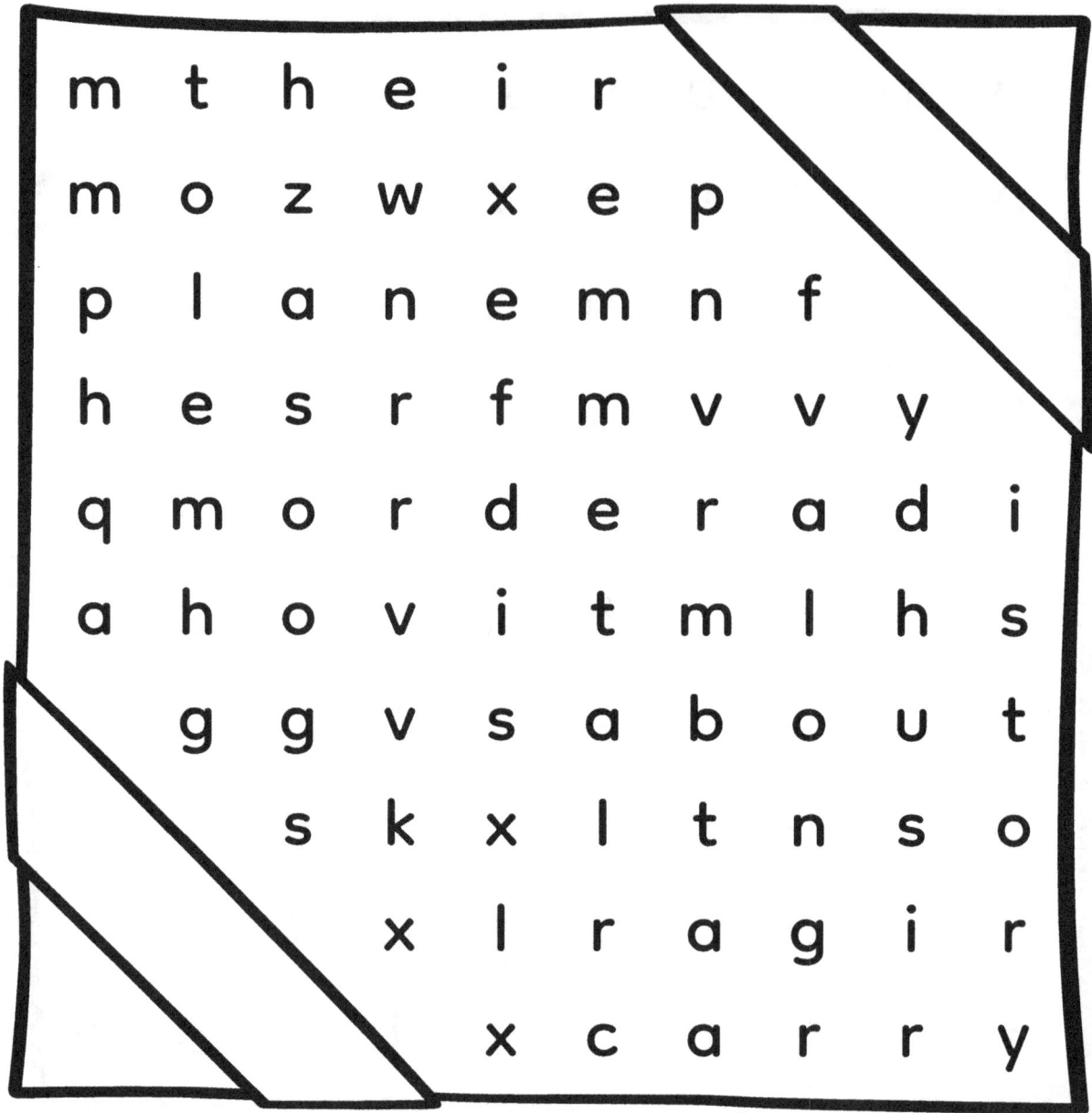

```
m  t  h  e  i  r
m  o  z  w  x  e  p
p  l  a  n  e  m  n  f
h  e  s  r  f  m  v  v  y
q  m  o  r  d  e  r  a  d  i
a  h  o  v  i  t  m  l  h  s
   g  g  v  s  a  b  o  u  t
   s  k  x  l  t  n  s  o
      x  l  r  a  g  i  r
      x  c  a  r  r  y
```

plane   carry

along   metal

about   story

their   order

```
h  p  p  e  c  r  j  j
i  c  l  t  w  l  j  l  h
z  g  a  k  y  o  u  n  g
o  o  c  m  h  s  n  q  r
c  h  e  e  s  e  g  d  o
s  t  a  n  d  d  f  u  p
k  r  n  t  o  r  c  p  x
j  j  s  z  w  h  i  c  h
                  i     q
               t     p
```

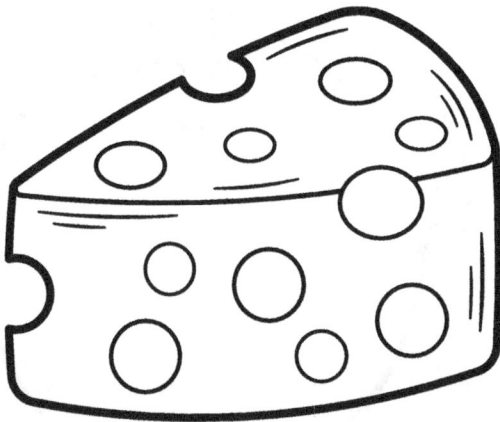

cheese   which

means   stand

place   group

young   close

```
w  m  i  g  h  t  u  p  k  w
p  k  m  h  u  s  h  a  l  l
t  m  q  z  w  e  o  p  u  j
s  b  x  t  o  q  i  p  x  v
j  e  q  l  u  k  t  l  i  g
m  c  h  i  l  d  r  e  n  e
p  a  i  m  d  i  i  u  e  m
m  m  x  k  w  b  e  g  i  n
y  e  i  g  h  t  y  r  d  c
b  k  g  g  x  n  b  t  g  q
```

apple   begin

would   shall

became   might

eight   children

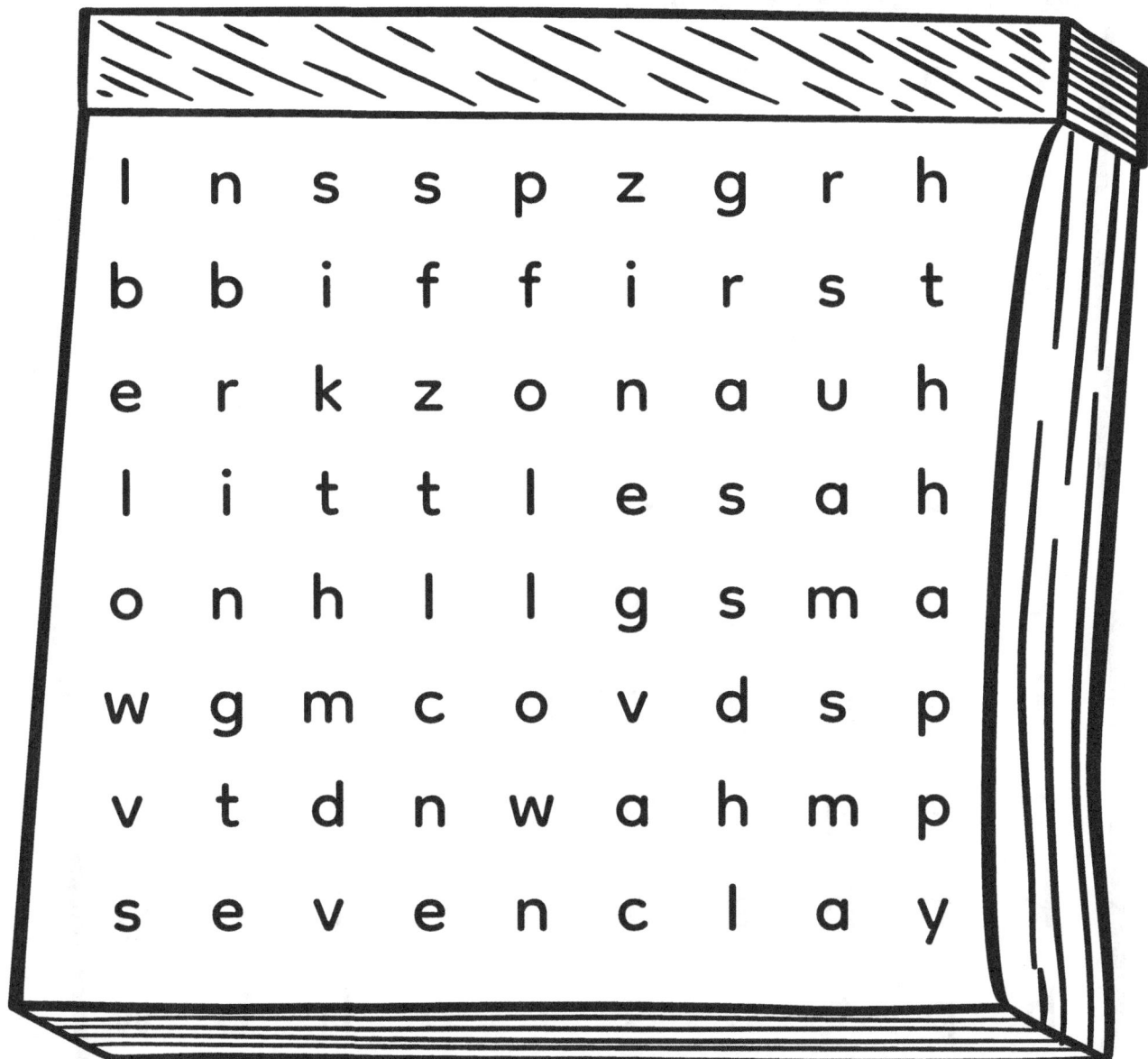

l n s s p z g r h
b b i f f i r s t
e r k z o n a u h
l i t t l e s a h
o n h l l g s m a
w g m c o v d s p
v t d n w a h m p
s e v e n c l a y

grass   first
happy   follow
little   below
seven   bring

```
f  q  r  t  j  l  v  w
z  e  e  a  r  l  y  x
s  u  t  y  t  a  b  l  e  i
c  k  u  i  a  u  t  t  o  y
s  t  r  o  n  g  l  k  s  o
t  u  n  o  k  h  s  v  n  p
i  g  p  y  s  p  h  m  o  a
c  y  q  n  a  h  g  i  w  s
k  t  b  e  g  a  n  t  n  g
h  p  t  u  a  r  o  h  b  w
```

table   began

early   return

strong   stick

laugh   snow

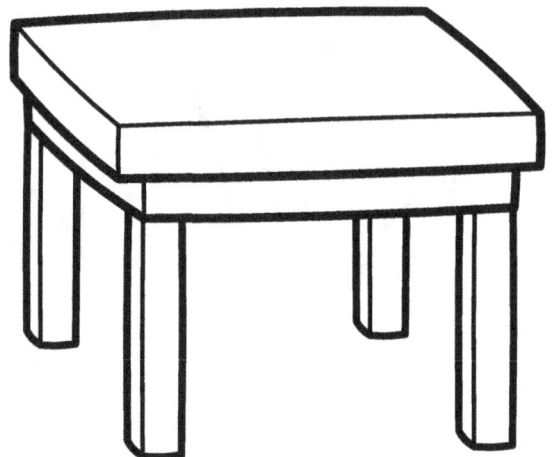

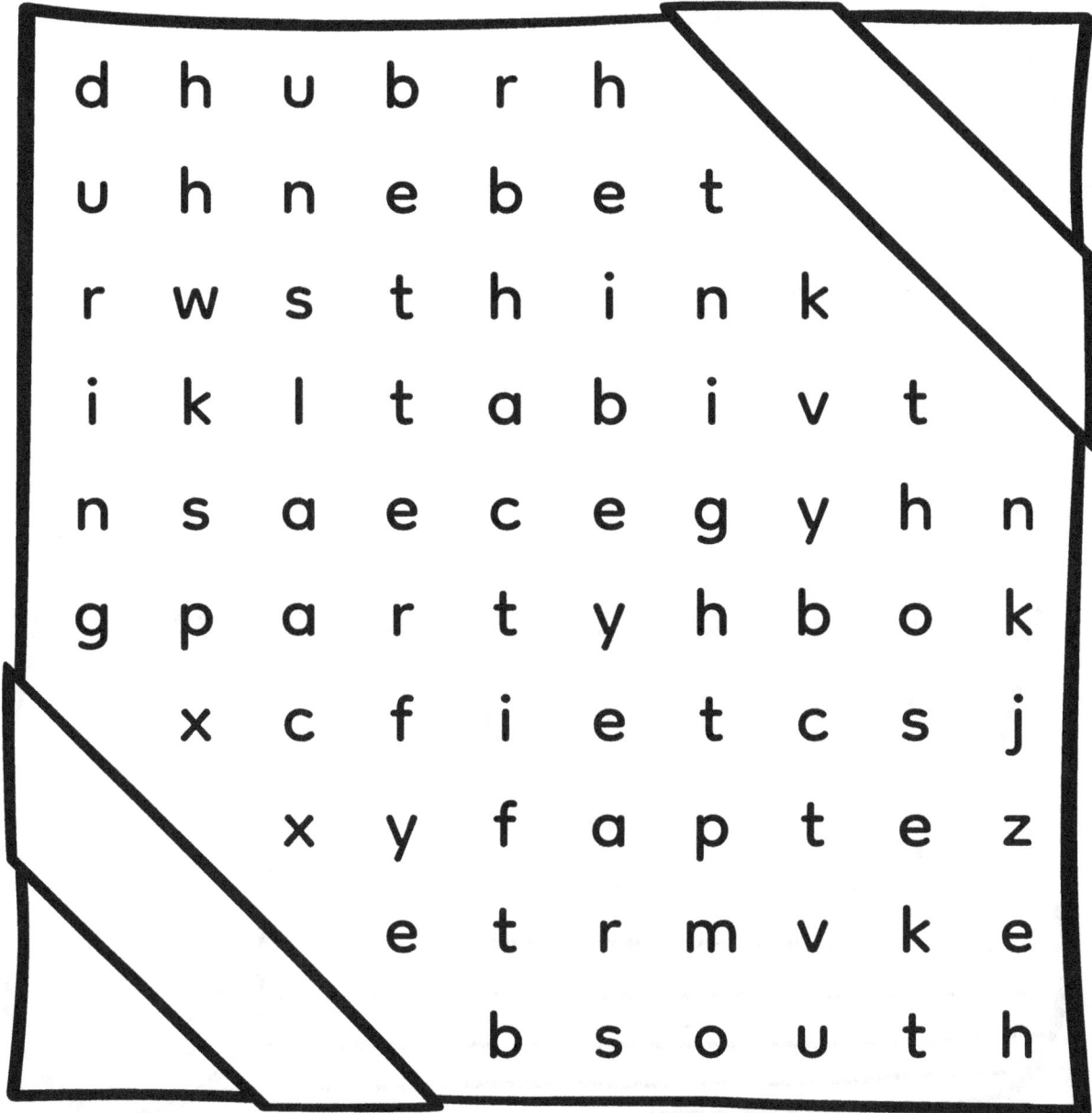

```
d h u b r h
u h n e b e t
r w s t h i n k
i k l t a b i v t
n s a e c e g y h n
g p a r t y h b o k
  x c f i e t c s j
  x y f a p t e z
    e t r m v k e
    b s o u t h
```

party	night
years	during
better	those
think	south

```
j  q  b  t  t  w  a  p
z  v  z  g  r  o  u  n  d
w  s  p  e  l  l  p  o  i
u  t  n  c  l  e  a  r  f
e  a  m  r  p  y  f  b  f
r  k  o  s  p  a  c  e  v
t  h  i  r  d  w  p  r  c
p  i  f  y  w  a  t  e  r
                     n  o
                     t  a
```

space   clear

spell   ground

different   water

start   third

```
f  r  o  n  t  n  s  d  s  h
d  s  o  t  t  h  i  n  g  s
m  j  y  u  b  a  o  k  a  l
o  h  x  y  s  w  p  g  p  e
h  n  o  r  t  h  u  a  o  e
e  m  w  r  a  o  p  r  u  p
a  n  i  m  a  l  l  d  y  h
h  r  z  m  i  e  f  e  n  t
p  o  i  n  t  l  n  n  n  h
y  j  d  g  x  v  k  b  p  z
```

sleep	whole
front	things
animal	point
north	garden

Difficulty ⭐⭐⭐   Date:

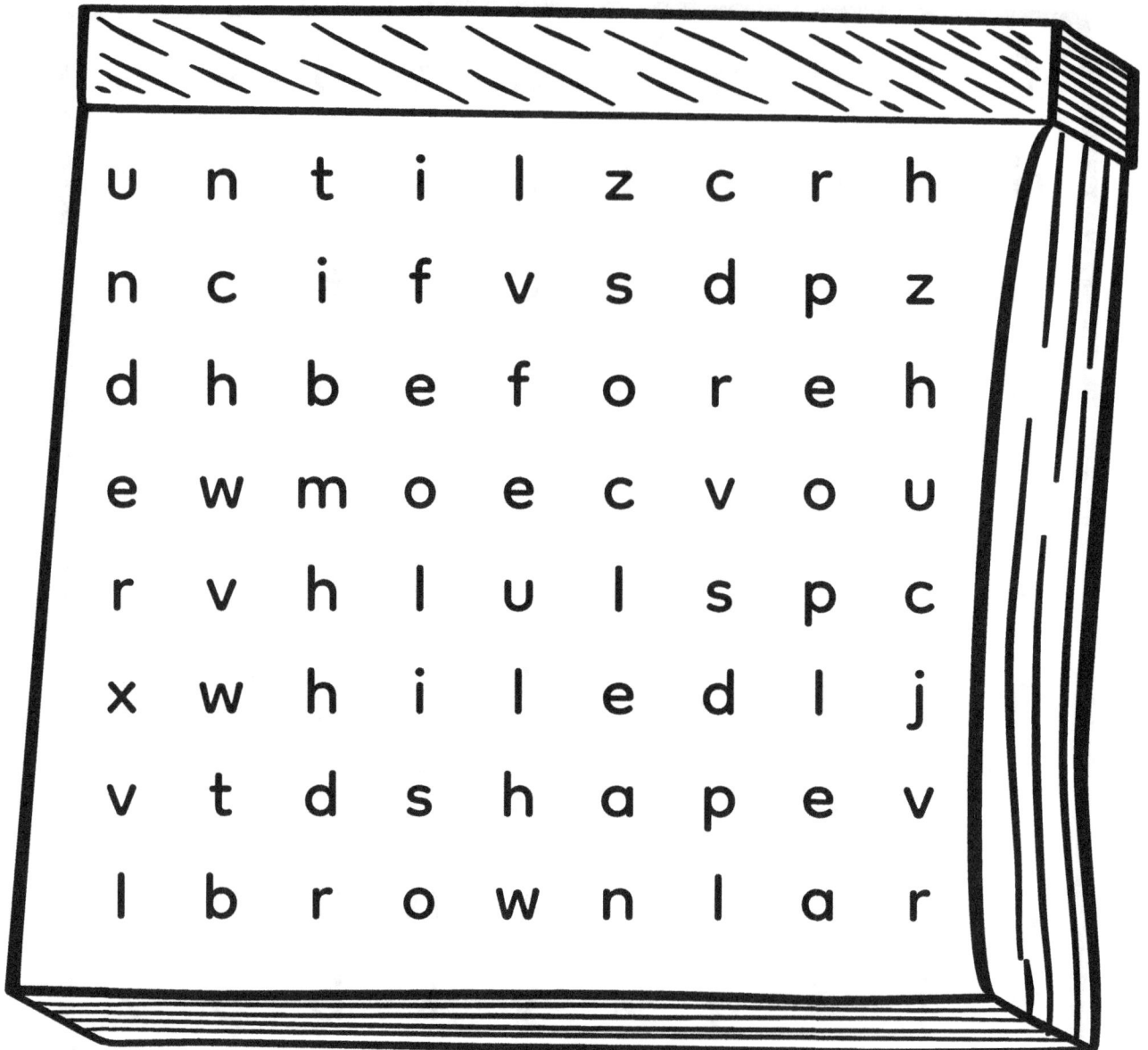

```
u  n  t  i  l  z  c  r  h
n  c  i  f  v  s  d  p  z
d  h  b  e  f  o  r  e  h
e  w  m  o  e  c  v  o  u
r  v  h  l  u  l  s  p  c
x  w  h  i  l  e  d  l  j
v  t  d  s  h  a  p  e  v
l  b  r  o  w  n  l  a  r
```

clean   brown

people   under

before   shape

until   while

f	q	a	c	r	o	s	s	
z	e	d	q	x	x	a	x	
s	u	s	m	a	l	l	l	a	g
p	k	t	i	a	b	t	t	o	r
l	j	e	r	o	u	n	d	k	e
a	u	m	a	k	q	s	v	l	a
n	g	p	d	s	r	i	g	h	t
t	y	q	i	a	h	g	i	s	s
r	b	r	o	t	h	e	r	n	g
h	p	t	u	a	r	o	h	b	w

radio   great

round   across

brother   small

right   plant

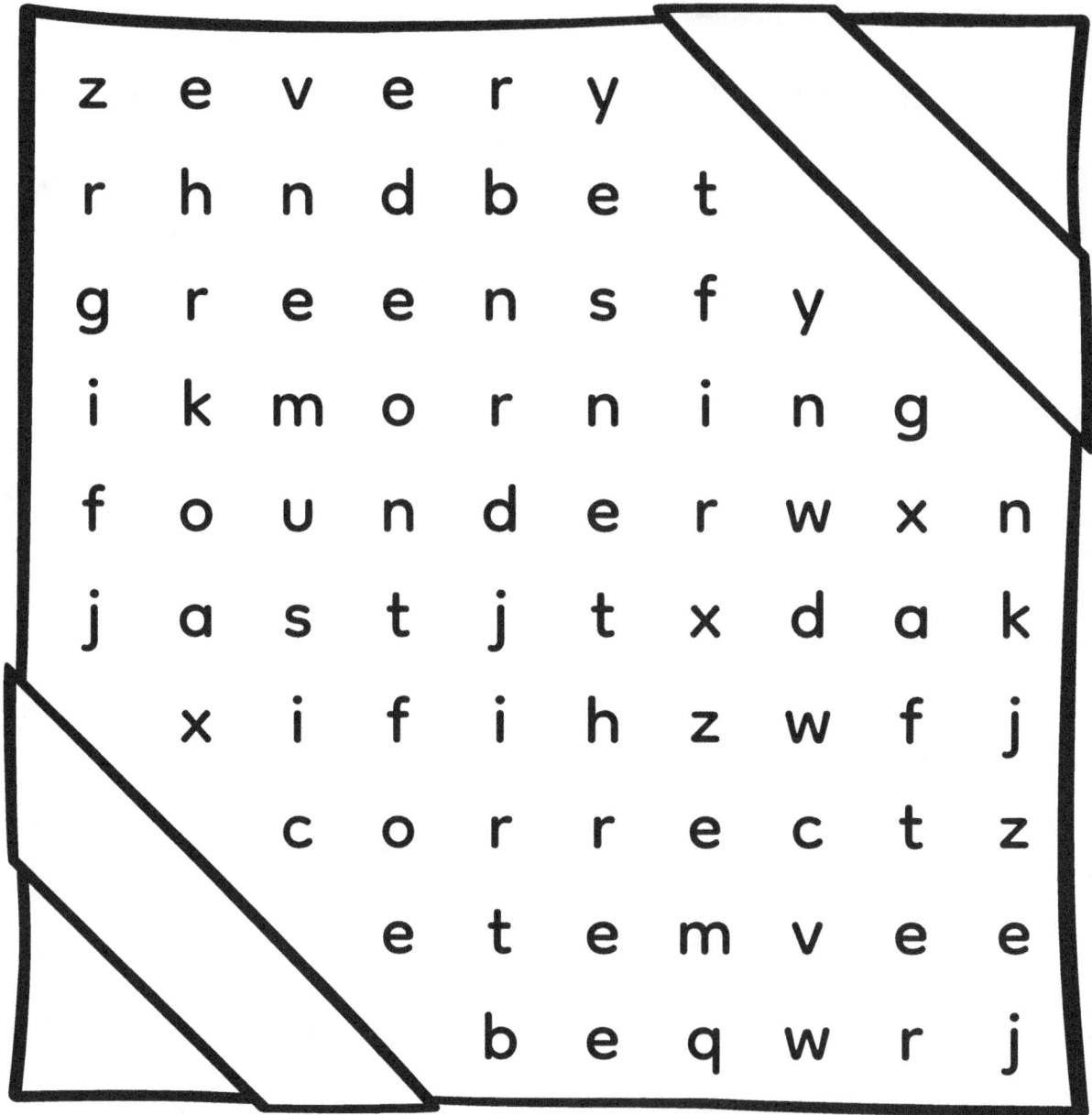

```
z  e  v  e  r  y
r  h  n  d  b  e  t
g  r  e  e  n  s  f  y
i  k  m  o  r  n  i  n  g
f  o  u  n  d  e  r  w  x  n
j  a  s  t  j  t  x  d  a  k
x  i  f  i  h  z  w  f  j
   c  o  r  r  e  c  t  z
   e  t  e  m  v  e  e
   b  e  q  w  r  j
```

music   found

three   morning

correct   after

green   every

```
j  p  i  c  t  u  r  e
z  f  z  o  x  o  l  y  h
w  l  e  t  a  g  a  i  n
u  o  n  b  i  e  y  d  t
e  o  m  o  f  t  e  n  f
r  k  o  c  h  y  q  h  v
h  o  u  s  e  w  p  e  c
j  t  h  e  r  e  d  l  l
                     l  o
                     o  a
```

house   there

often   picture

together   hello

floor   again

Difficulty ⭐⭐⭐   Date:

```
h n n j r n s d m h
d s e l h a u w e j
l j v u a b o u t a
i h e y s g u m a e
g p r k n f c a l f
h m w r a m o n e y
t h a n k p l q y h
h r z m i a o b n t
j r p a p e r h n h
y j d g x v k b p z
```

light   color

metal   money

paper   about

thank   never

- 64 -

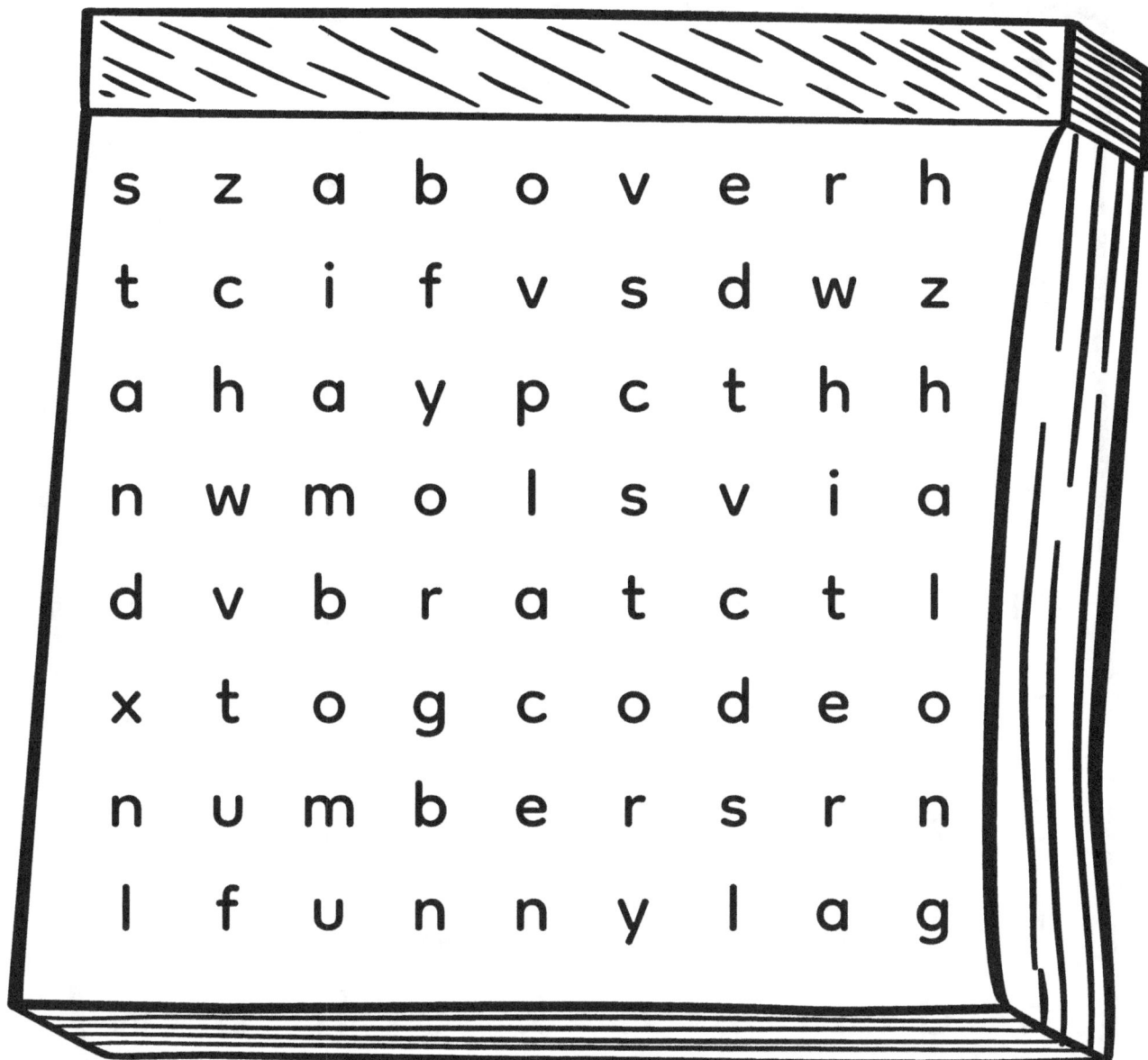

```
s z a b o v e r h
t c i f v s d w z
a h a y p c t h h
n w m o l s v i a
d v b r a t c t l
x t o g c o d e o
n u m b e r s r n
l f u n n y l a g
```

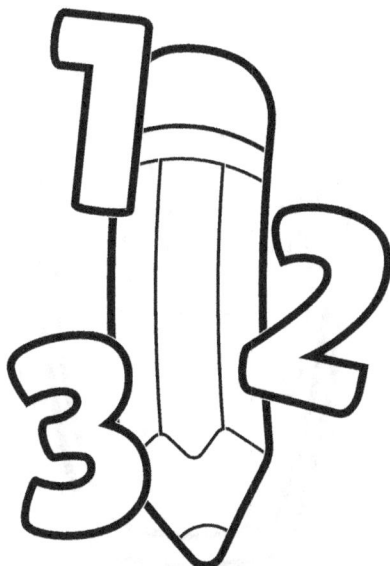

numbers   above

stand   along

story   place

funny   white

- 65 -

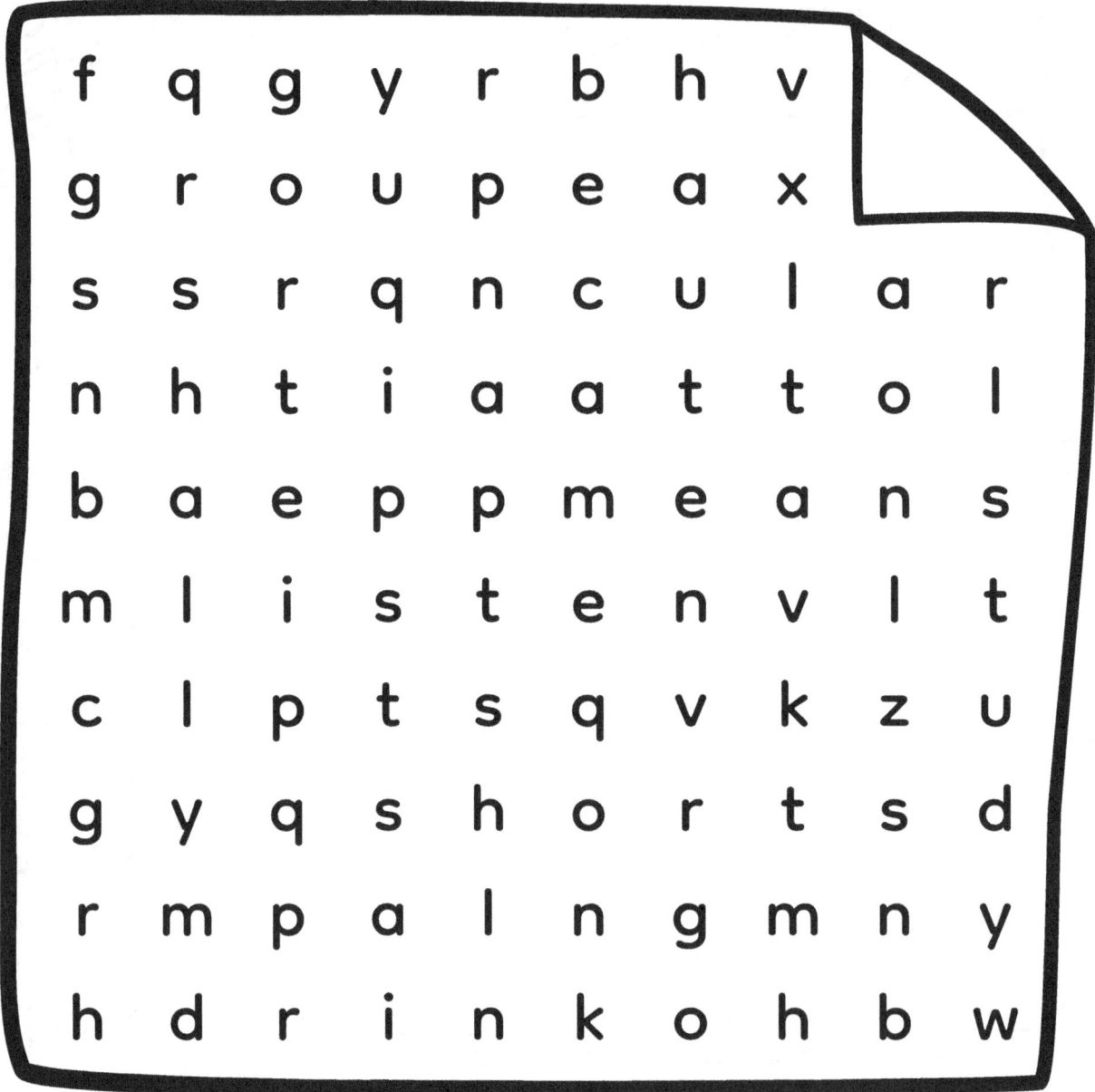

```
f  q  g  y  r  b  h  v
g  r  o  u  p  e  a  x
s  s  r  q  n  c  u  l  a  r
n  h  t  i  a  a  t  t  o  l
b  a  e  p  p  m  e  a  n  s
m  l  i  s  t  e  n  v  l  t
c  l  p  t  s  q  v  k  z  u
g  y  q  s  h  o  r  t  s  d
r  m  p  a  l  n  g  m  n  y
h  d  r  i  n  k  o  h  b  w
```

drink   study

shall   means

group   became

short   listen

```
l  i  t  t  l  e
r  n  n  d  b  e  t
a  s  f  o  l  l  o  w
i  i  w  a  p  f  d  o  p
g  d  x  q  f  j  w  u  z  m
j  e  e  s  i  m  p  l  e  o
x  i  m  n  i  j  d  f  t
f  z  o  g  f  e  c  h
q  c  h  a  i  r  e
q  t  c  c  g  r
```

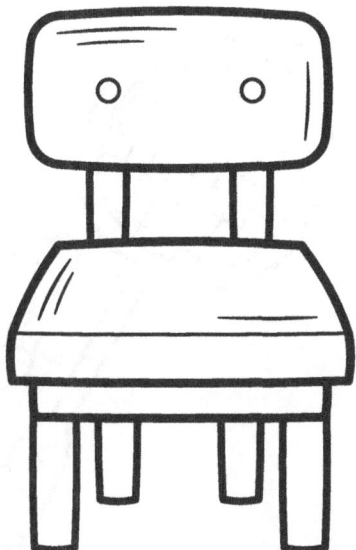

chair	inside
follow	would
might	little
mother	simple

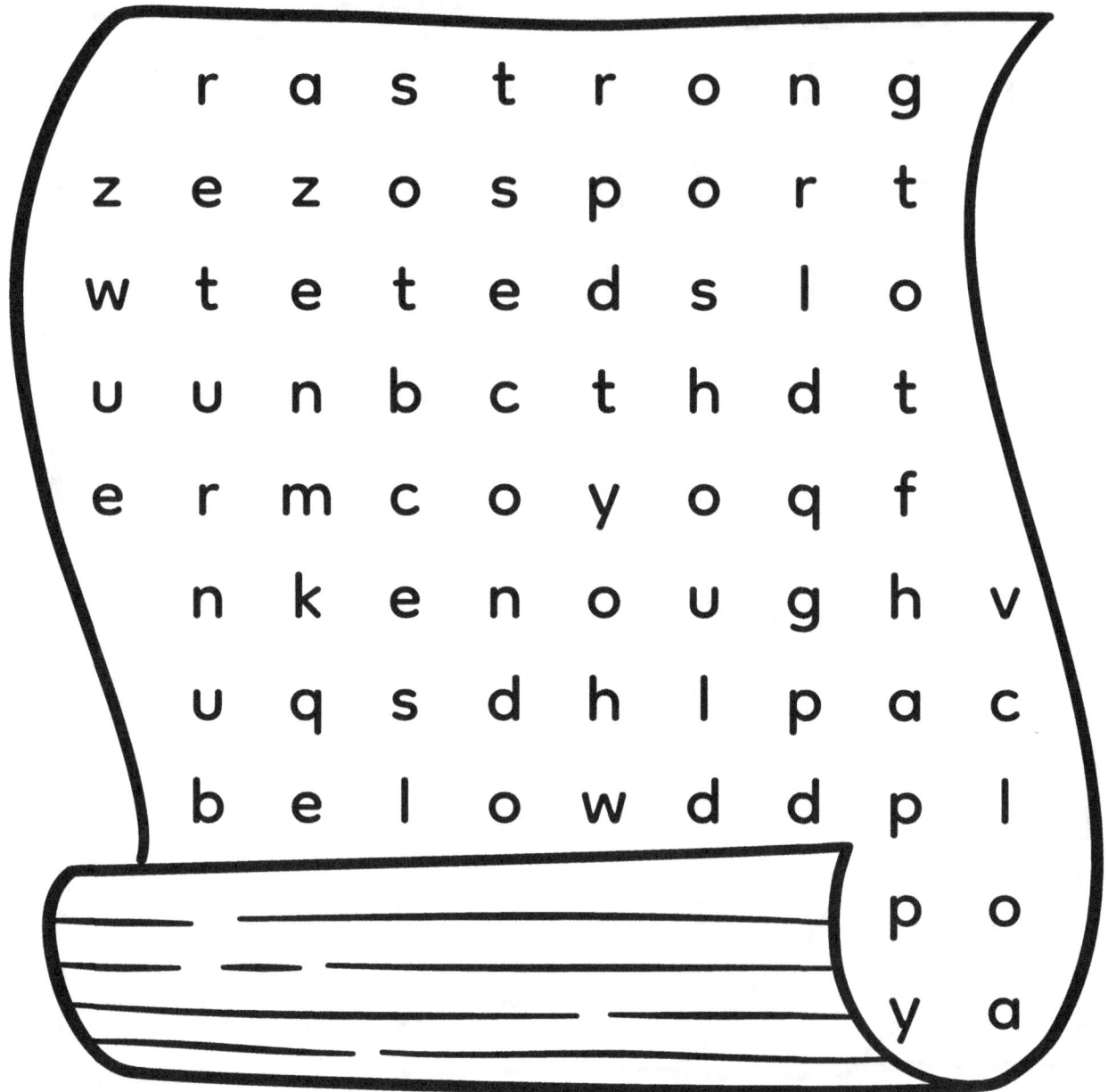

```
r  a  s  t  r  o  n  g
z  e  z  o  s  p  o  r  t
w  t  e  t  e  d  s  l  o
u  u  n  b  c  t  h  d  t
e  r  m  c  o  y  o  q  f
n  k  e  n  o  u  g  h  v
u  q  s  d  h  l  p  a  c
b  e  l  o  w  d  d  p  l
                  p  o
                  y  a
```

sport   should

return   happy

below   strong

second   enough

h	n	b	p	r	d	s	d	u	h
d	s	a	r	o	u	n	d	k	j
o	j	b	e	h	r	l	r	m	s
l	a	w	t	s	i	u	m	c	h
p	b	v	t	x	n	p	e	z	e
e	e	w	y	a	g	j	a	k	e
q	t	u	n	l	p	g	r	y	p
s	t	r	e	e	t	c	l	n	t
j	e	m	k	p	e	y	y	n	h
y	r	d	t	a	b	l	e	p	z

sheep   around

during   early

table   better

pretty   street

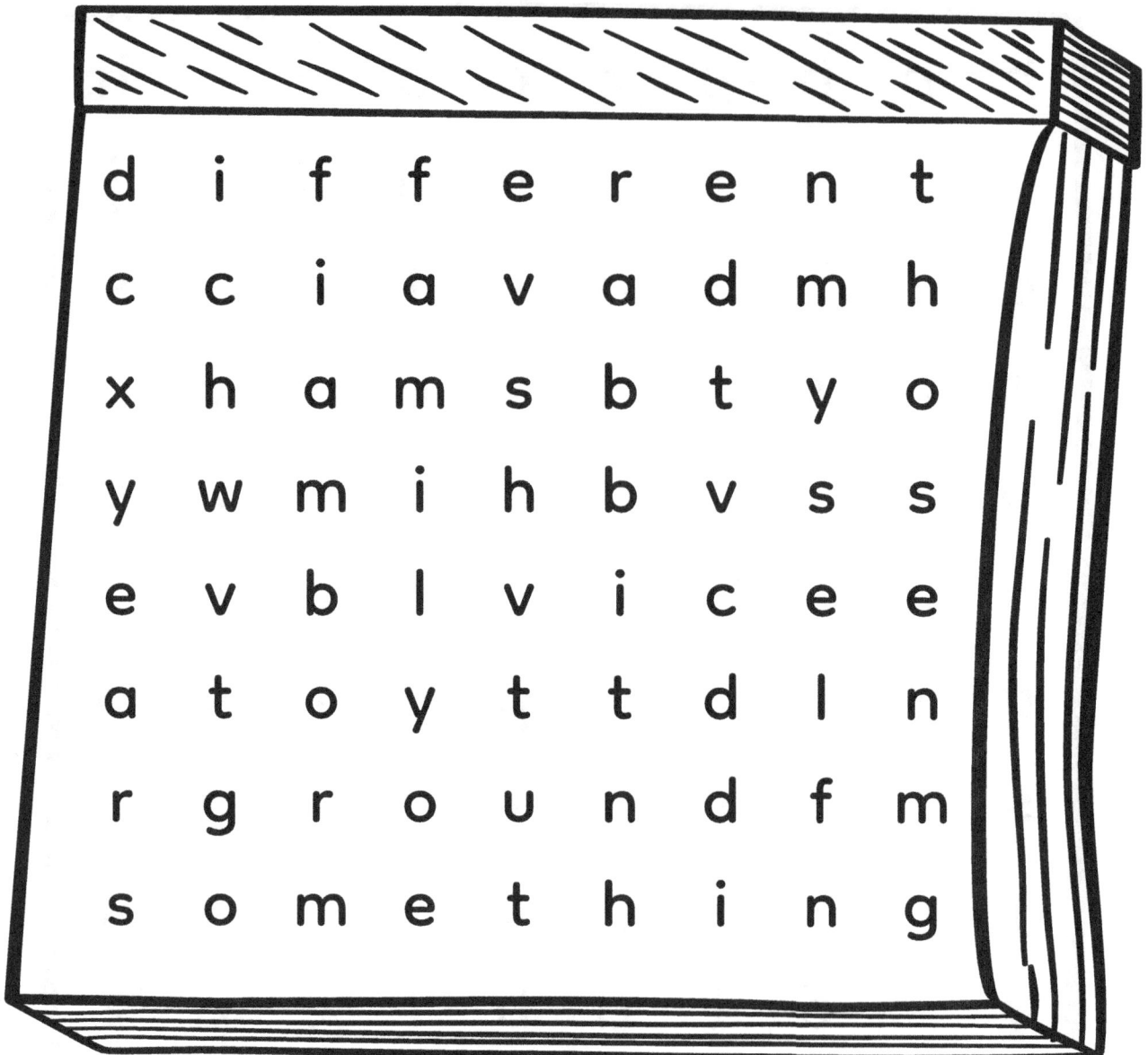

```
d i f f e r e n t
c c i a v a d m h
x h a m s b t y o
y w m i h b v s s
e v b l v i c e e
a t o y t t d l n
r g r o u n d f m
s o m e t h i n g
```

rabbit　　myself

ground　　years

those　　different

family　　something

```
f  q  p  l  e  a  s  e
a  n  i  m  a  l  i  x
r  y  r  q  n  n  s  l  a  t
m  n  t  i  a  e  t  t  o  h
e  x  e  p  p  w  e  n  h  i
r  c  v  q  t  i  r  v  l  n
c  z  p  t  s  n  v  k  z  g
b  i  r  t  h  d  a  y  s  s
r  w  i  g  n  o  g  m  n  d
h  a  o  z  b  w  a  t  e  r
```

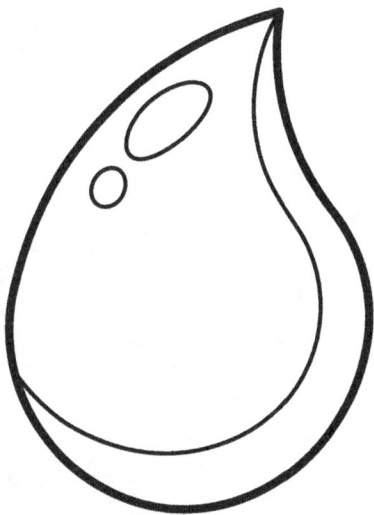

water   farmer

things   birthday

window   animal

please   sister

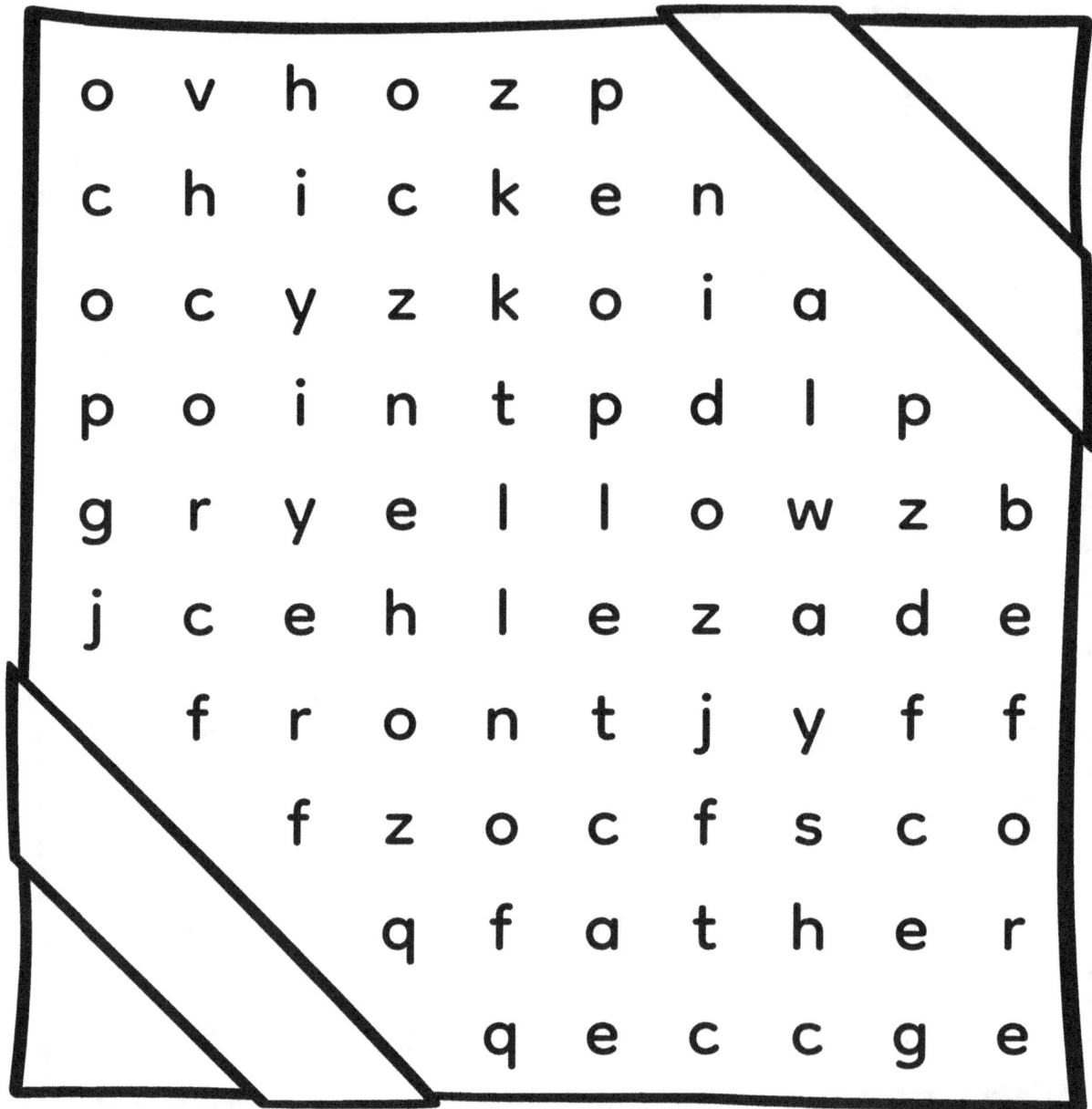

o	v	h	o	z	p			
c	h	i	c	k	e	n		
o	c	y	z	k	o	i	a	
p	o	i	n	t	p	d	l	p
g	r	y	e	l	l	o	w	z	b
j	c	e	h	l	e	z	a	d	e
	f	r	o	n	t	j	y	f	f
	f	z	o	c	f	s	c	o
	q	f	a	t	h	e	r
	q	e	c	c	g	e

chicken   father

people   front

point   before

yellow   always

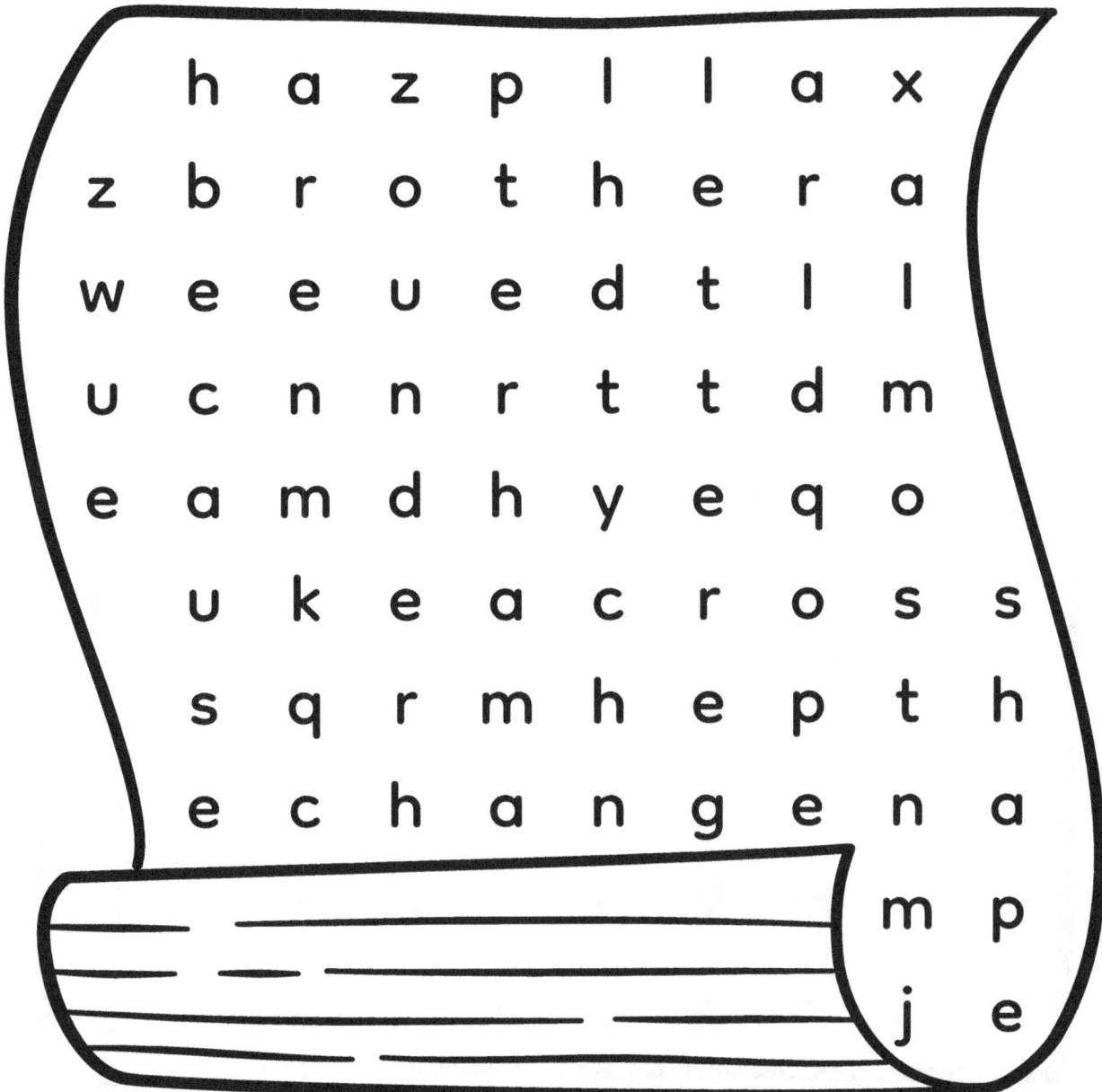

```
h a z p l l a x
z b r o t h e r a
w e e u e d t l l
u c n n r t t d m
e a m d h y e q o
u k e a c r o s s
s q r m h e p t h
e c h a n g e n a
                m p
                j e
```

letter   change

across   under

shape   brother

almost   because

```
s  m  a  l  l  y  s  d  u  h
c  s  g  m  o  r  n  i  n  g
h  f  b  g  h  j  l  c  m  s
o  i  w  f  s  t  u  o  c  r
o  n  v  f  x  q  p  r  z  o
l  a  w  d  a  p  j  r  k  u
q  l  u  b  e  t  w  e  e  n
w  l  f  e  u  c  c  c  n  d
j  y  m  k  p  e  y  t  n  h
y  q  d  g  o  o  d  b  y  e
```

school   between

morning   round

small   correct

finally   goodbye

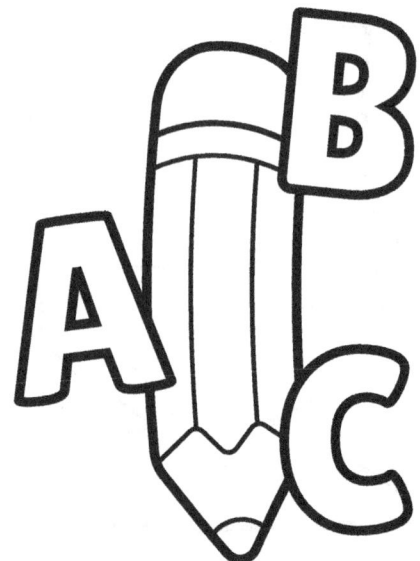

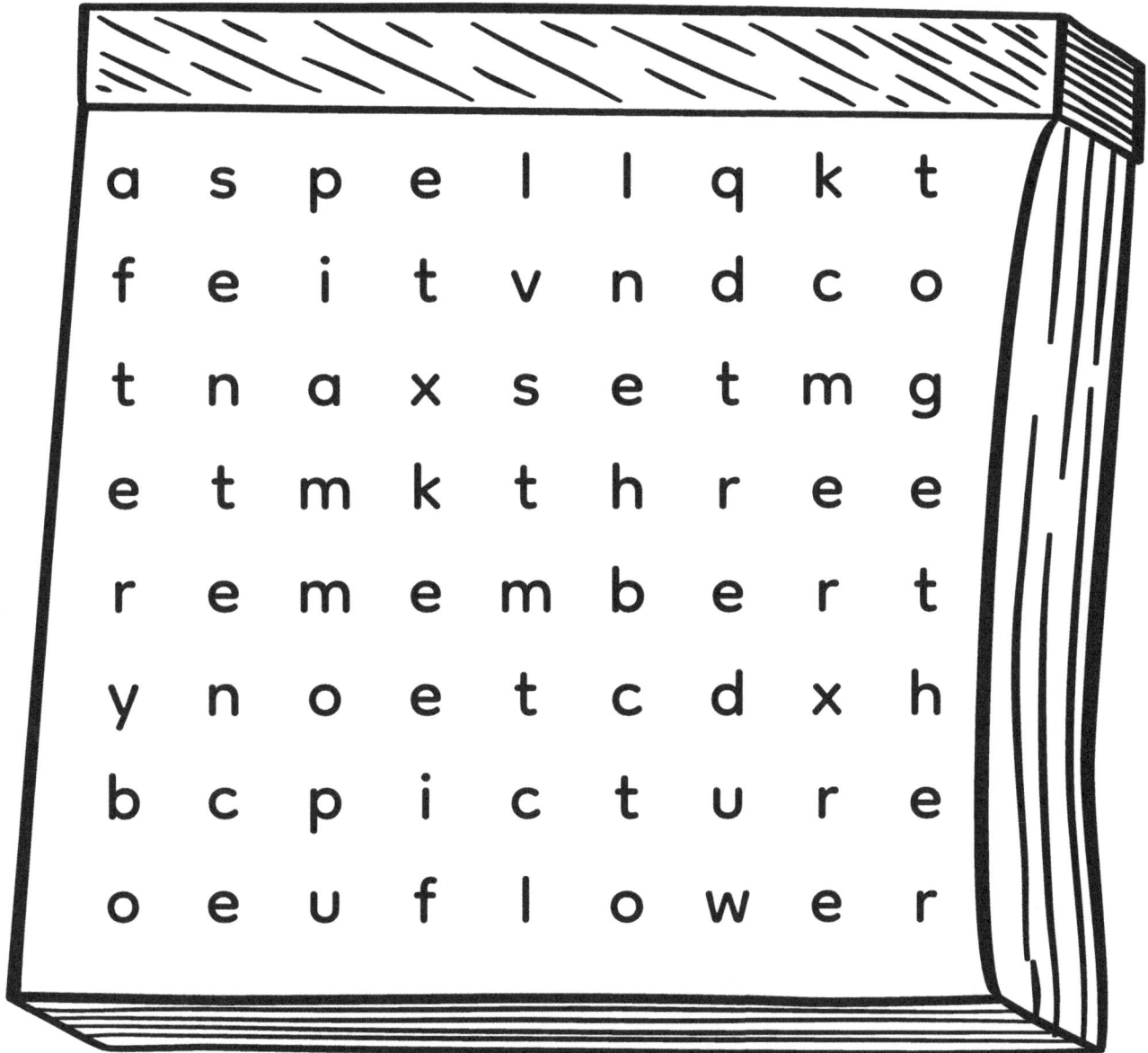

a	s	p	e	l	l	q	k	t
f	e	i	t	v	n	d	c	o
t	n	a	x	s	e	t	m	g
e	t	m	k	t	h	r	e	e
r	e	m	e	m	b	e	r	t
y	n	o	e	t	c	d	x	h
b	c	p	i	c	t	u	r	e
o	e	u	f	l	o	w	e	r

flower   spell

picture   three

after   together

sentence   remember

Solutions

PAGE 1

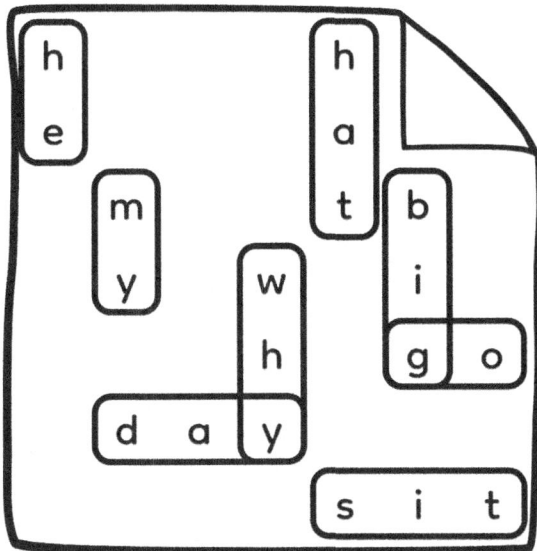

PAGE 2

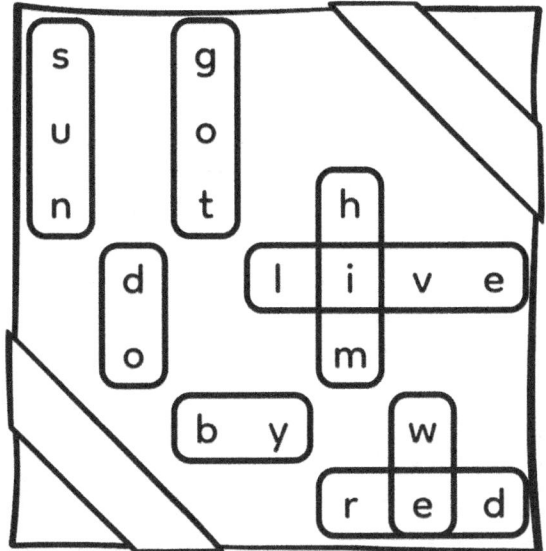

PAGE 3

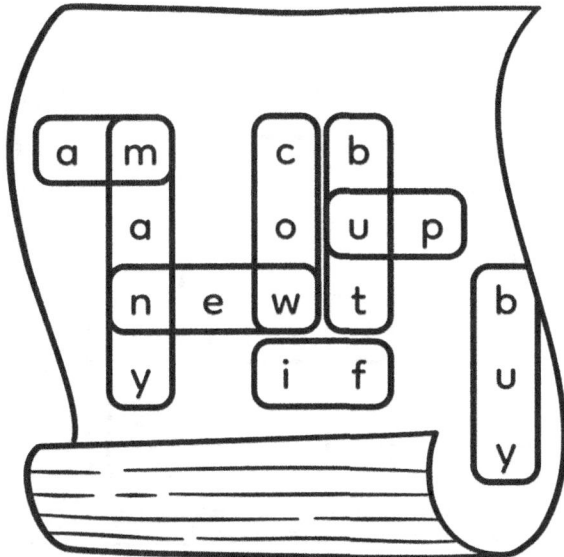

PAGE 4

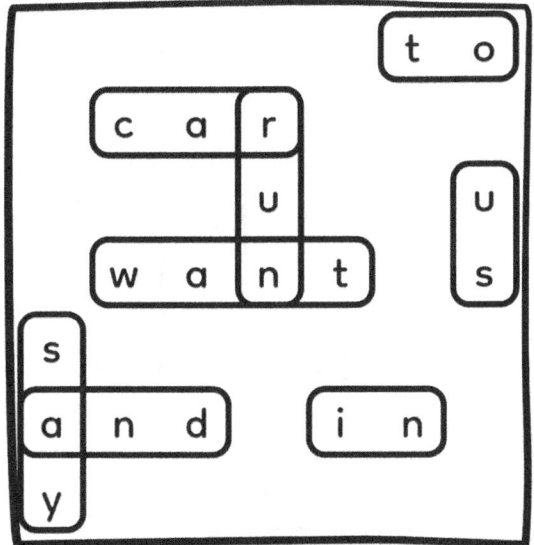

PAGE 5

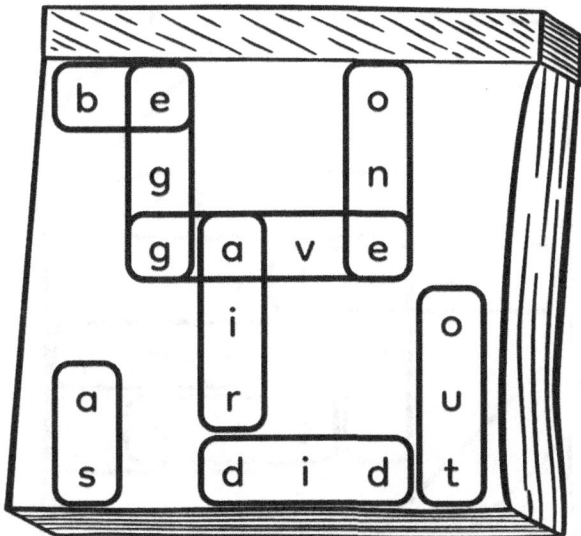

PAGE 6

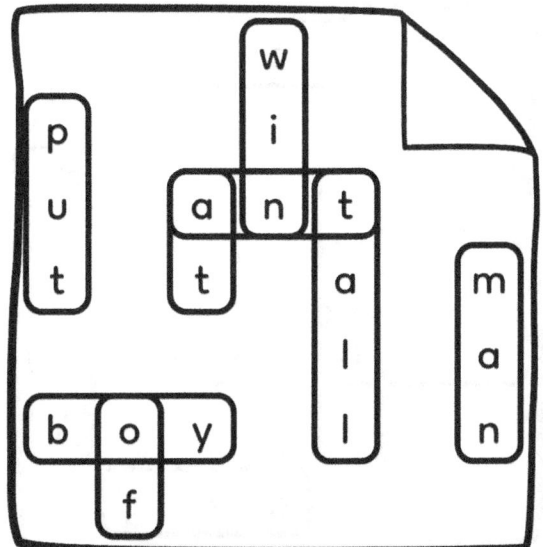

PAGE 7

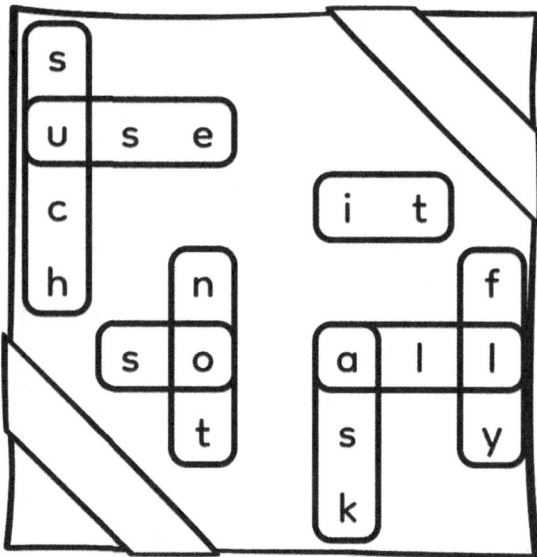

PAGE 8

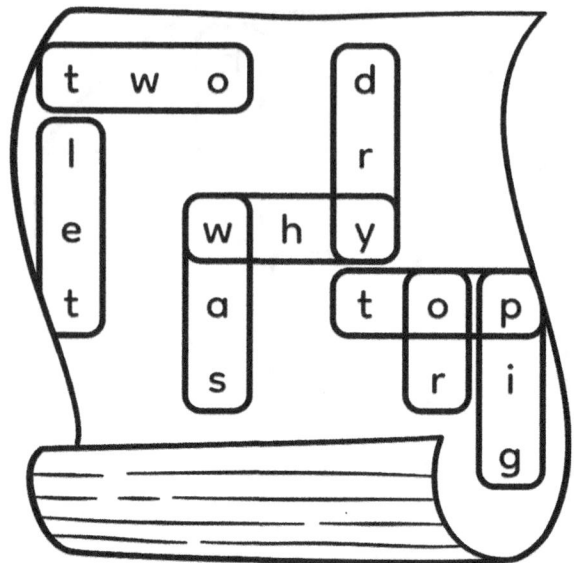

PAGE 9

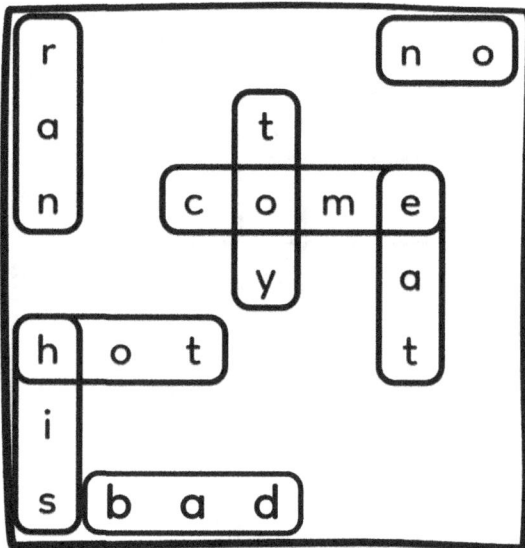

PAGE 10

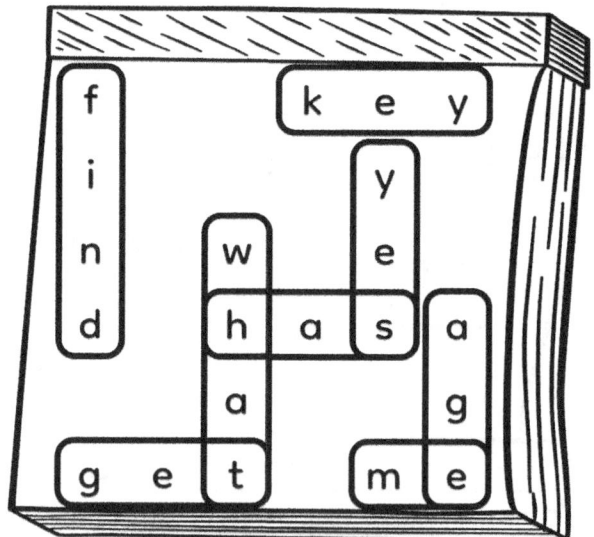

PAGE 11

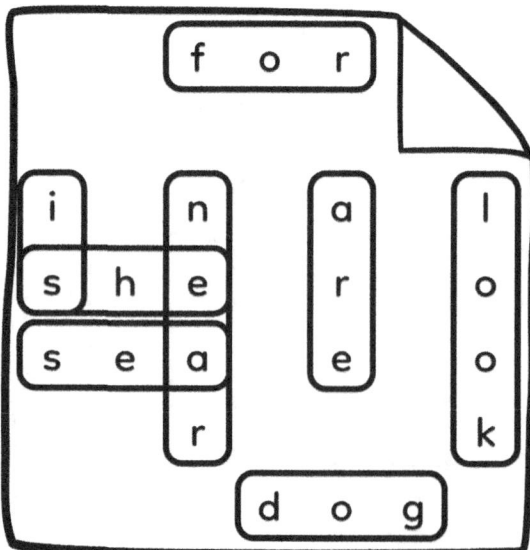

PAGE 12

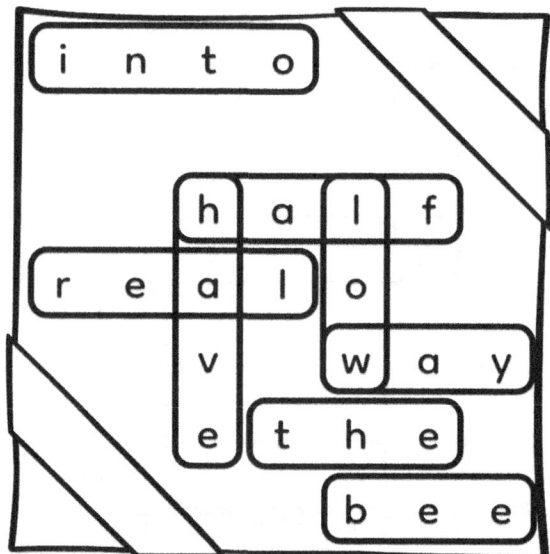

PAGE 13

PAGE 14

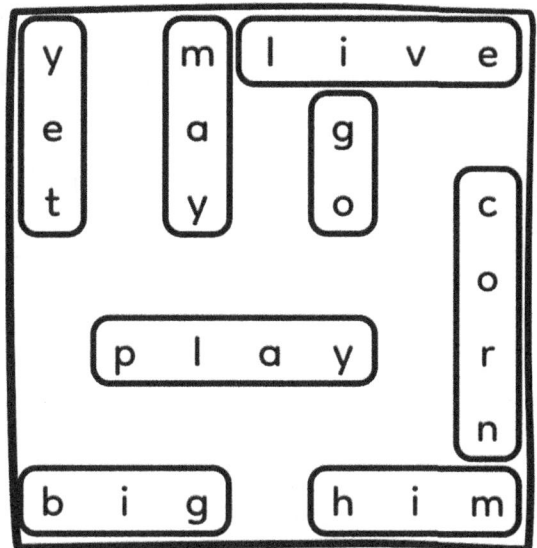

PAGE 15

PAGE 16

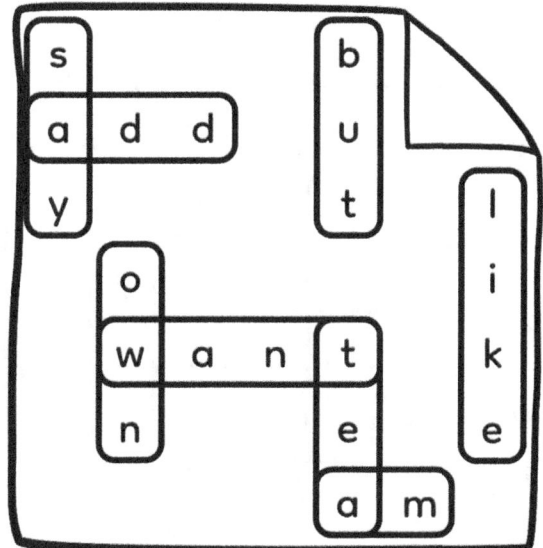

PAGE 17

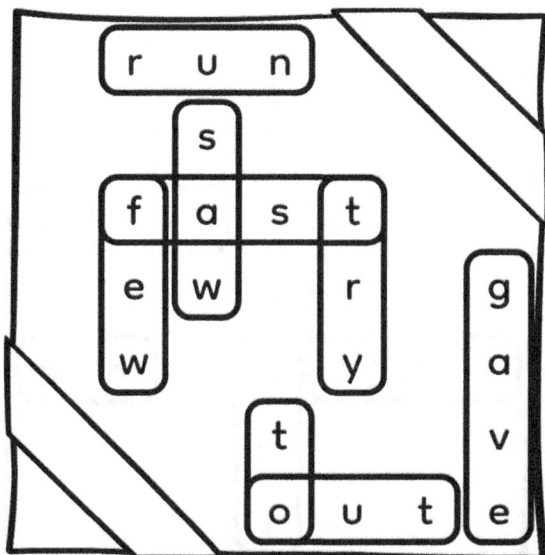

PAGE 18

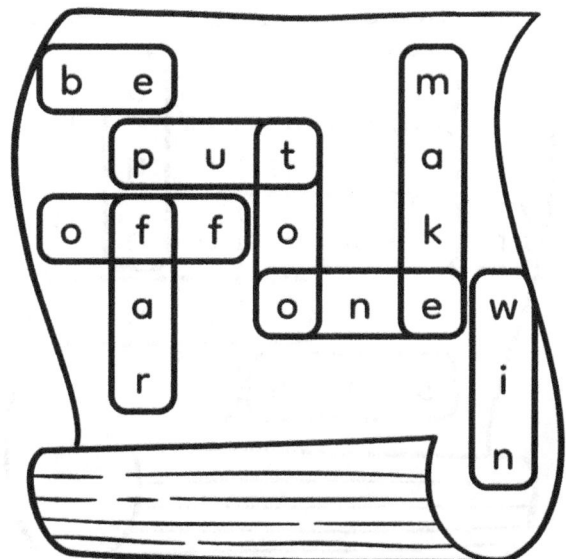

PAGE 19

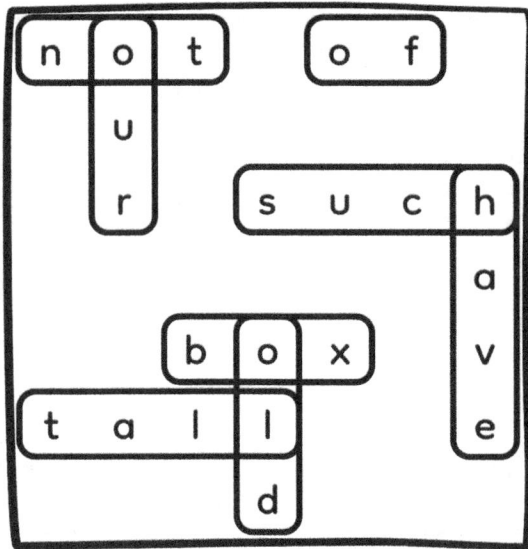

PAGE 20

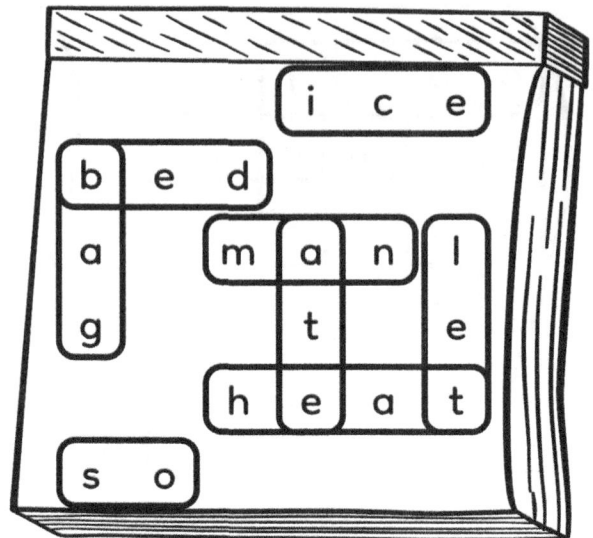

PAGE 21

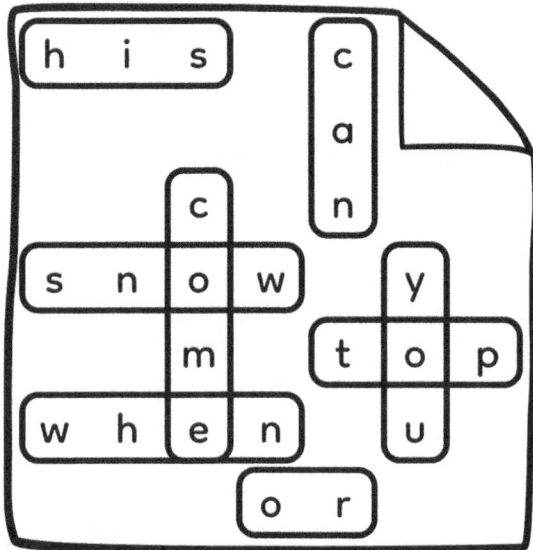

PAGE 22

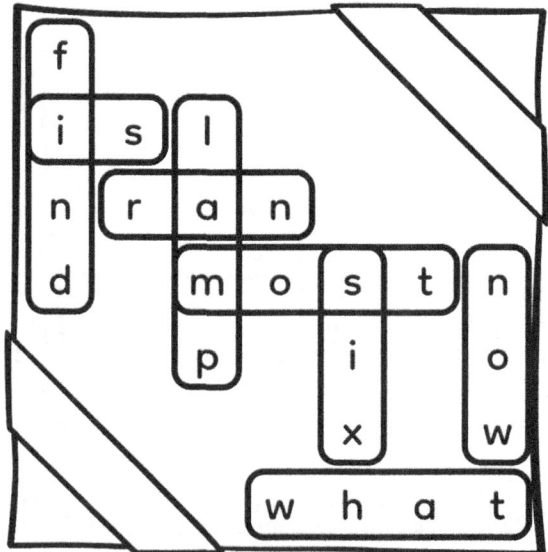

PAGE 23

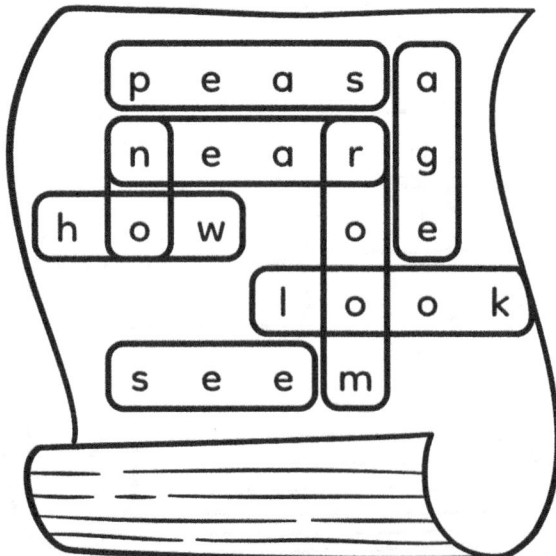

PAGE 24

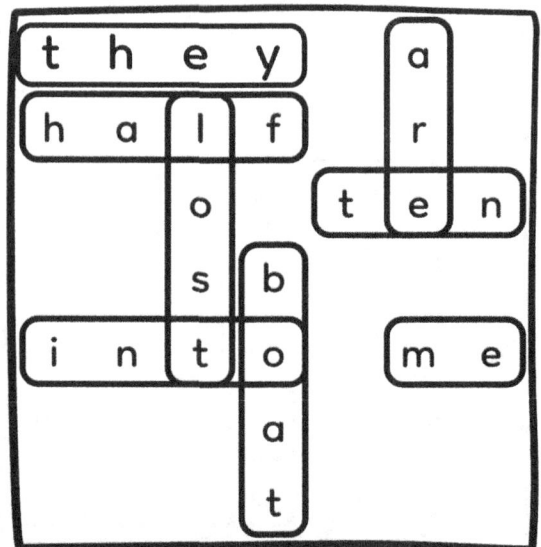

PAGE 25

PAGE 26

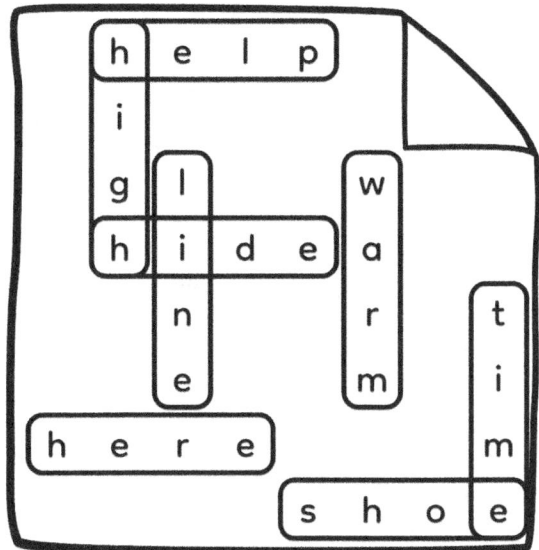

PAGE 27

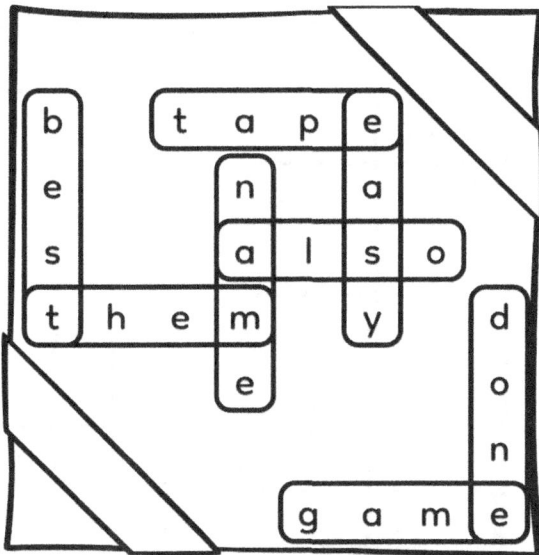

PAGE 28

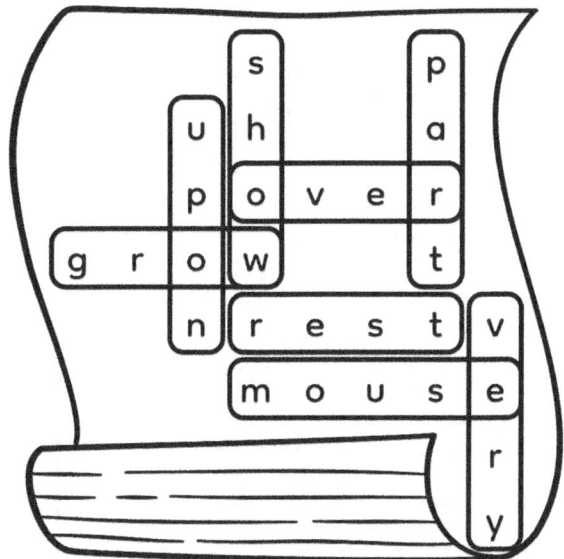

PAGE 29

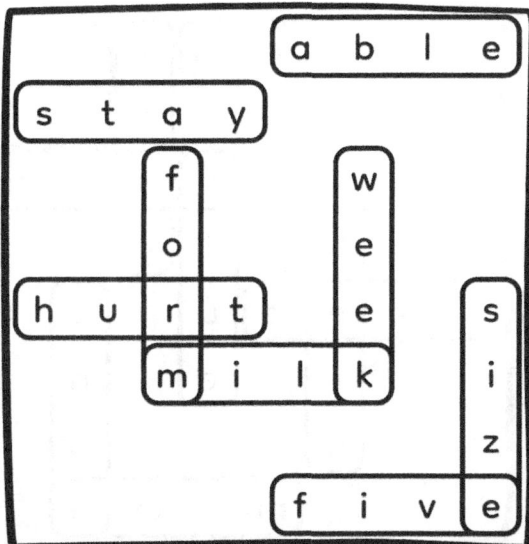

PAGE 30

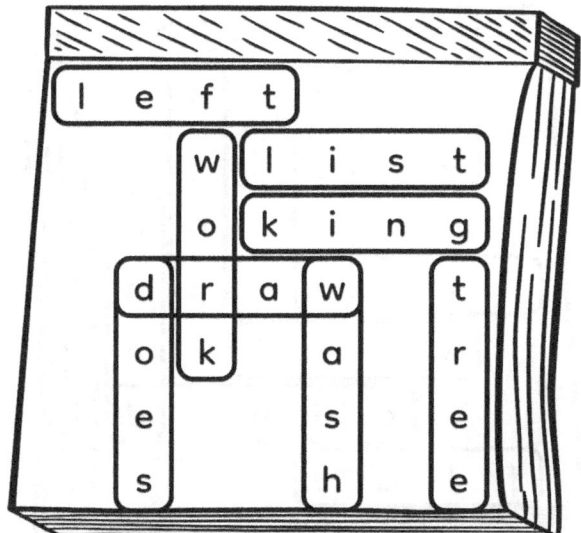

PAGE 31

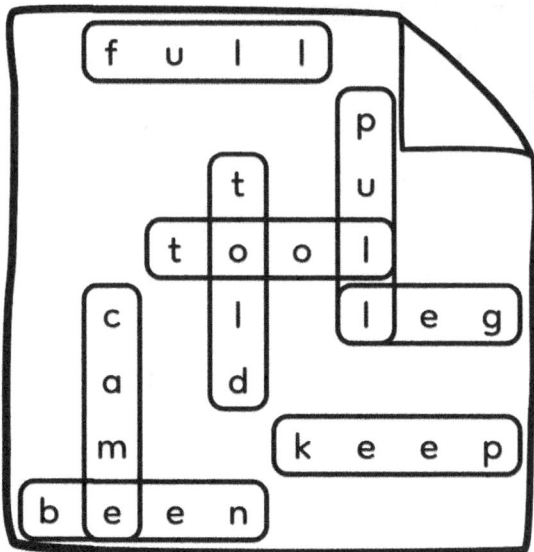

PAGE 32

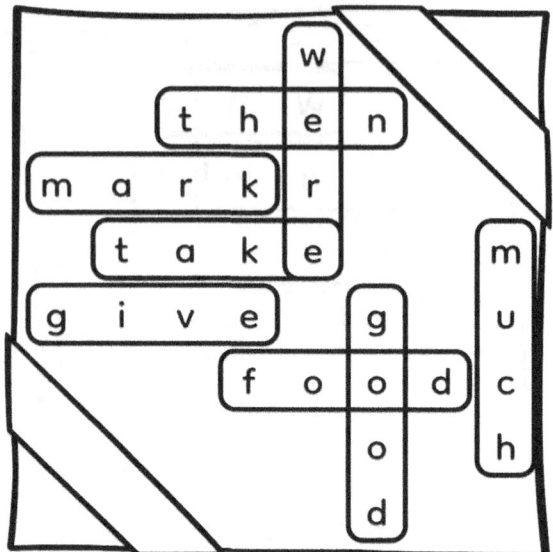

PAGE 33

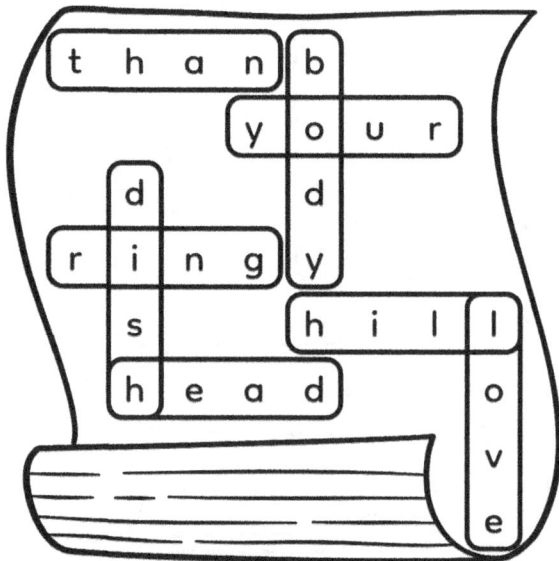

PAGE 34

PAGE 35

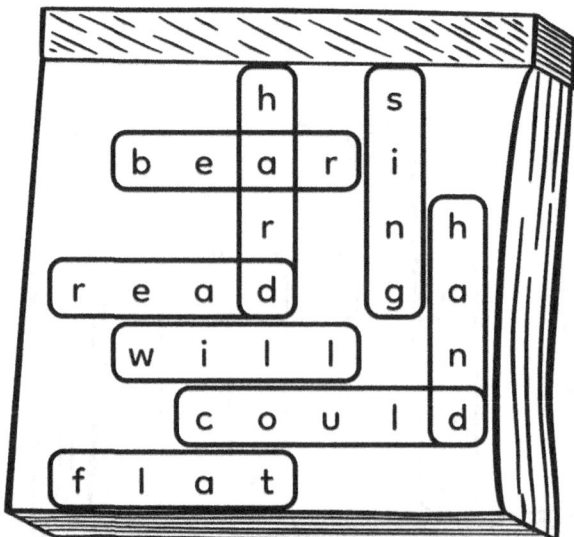

PAGE 36

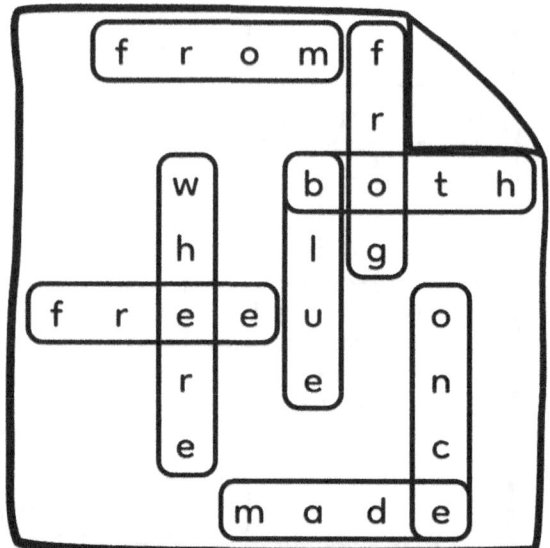

PAGE 37

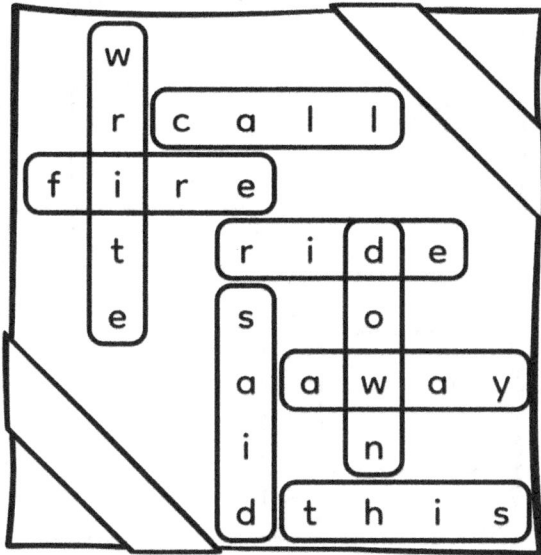

PAGE 38

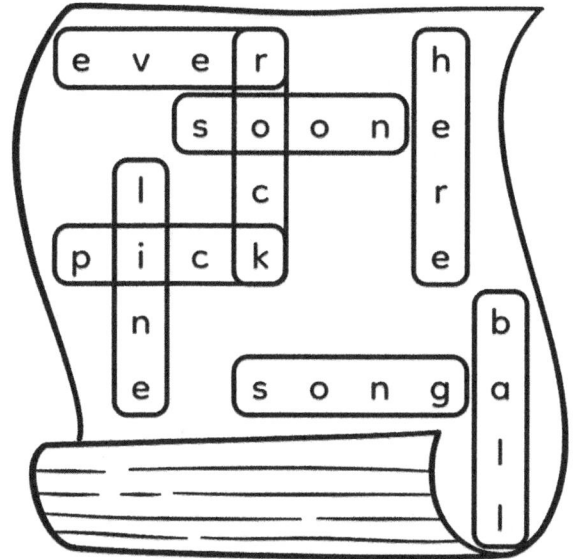

PAGE 39

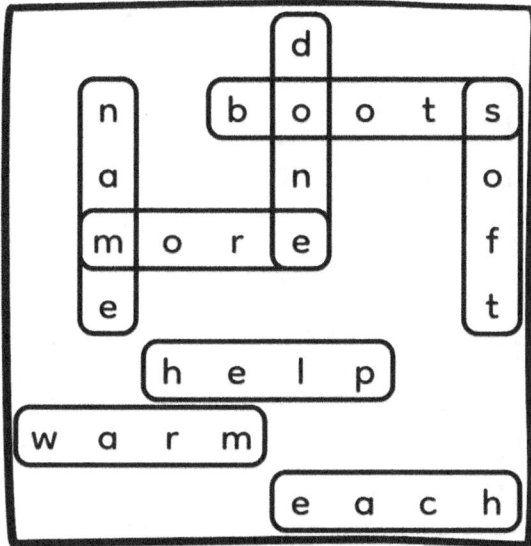

PAGE 40

PAGE 41

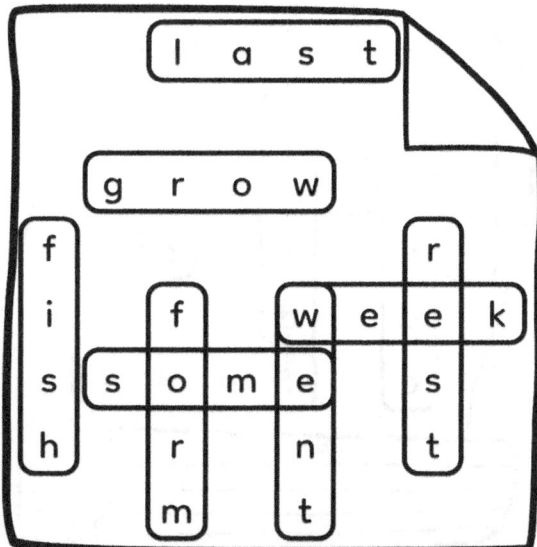

PAGE 42

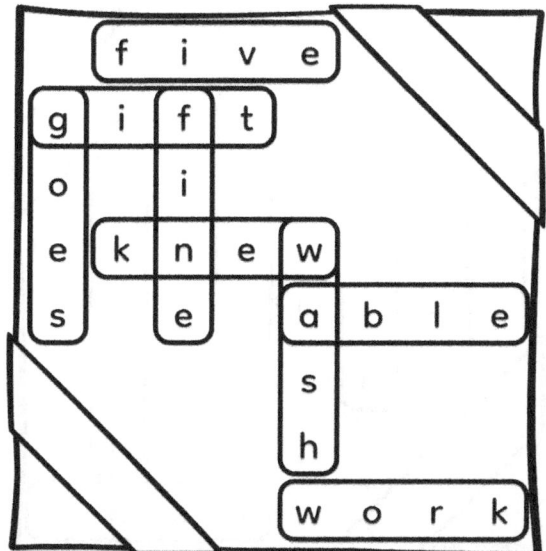

PAGE 43

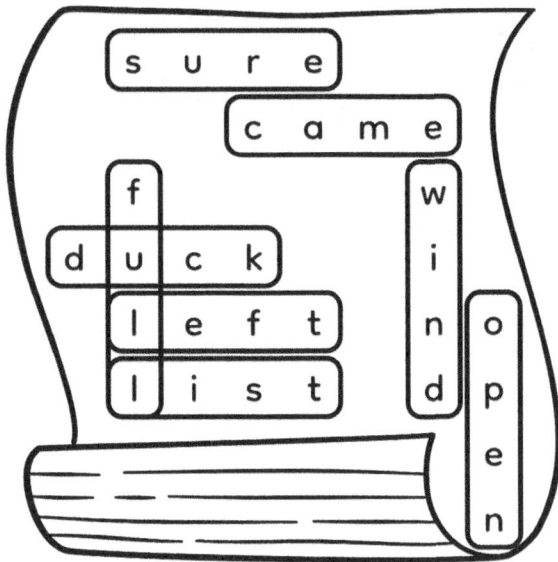

PAGE 44

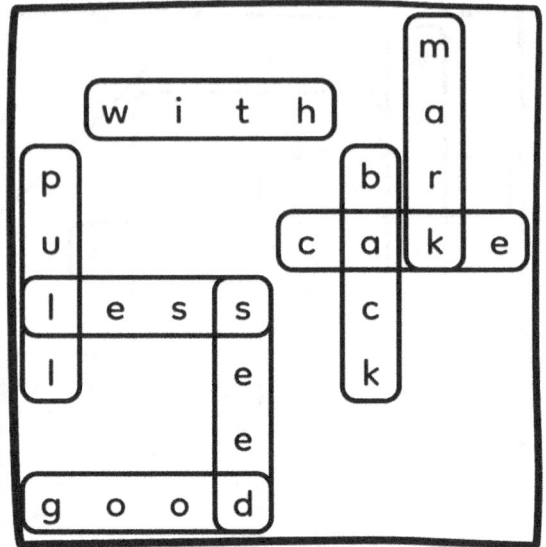

PAGE 45

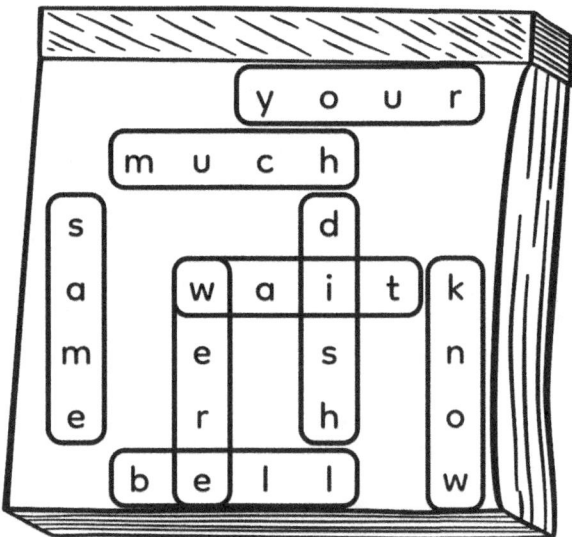

PAGE 46

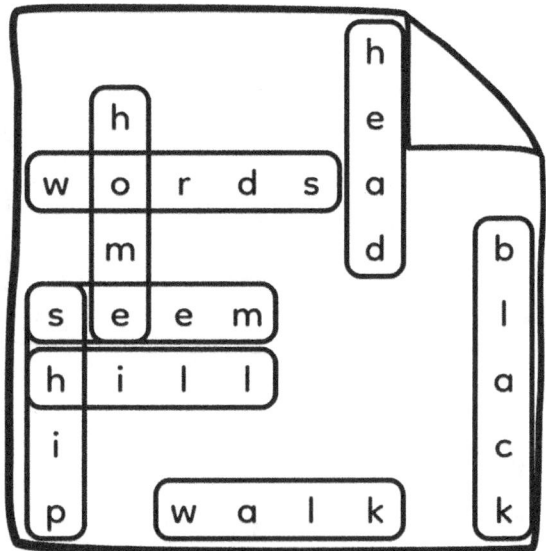

PAGE 47

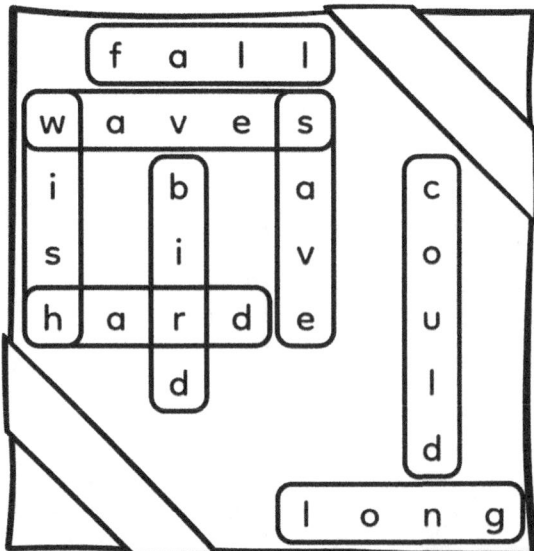

PAGE 48

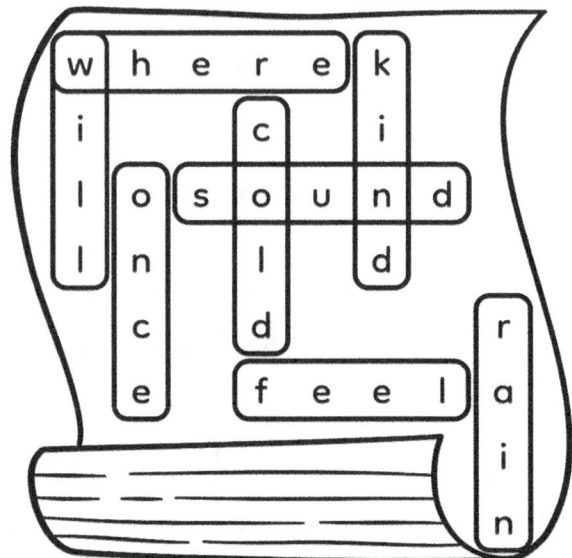

PAGE 49

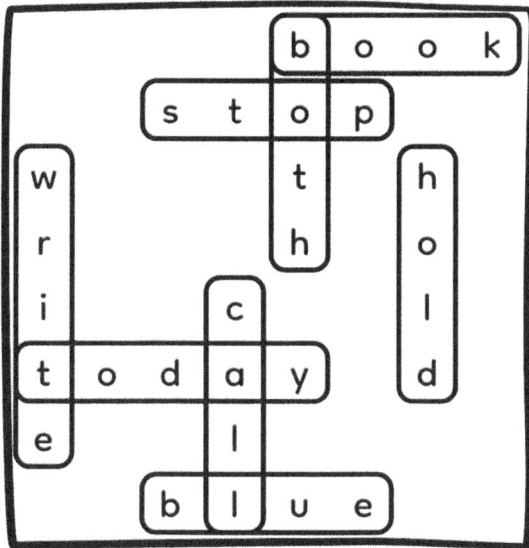

PAGE 50

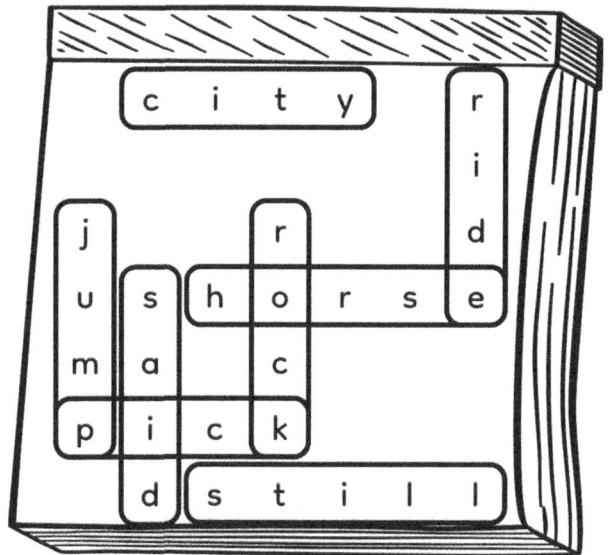

PAGE 51

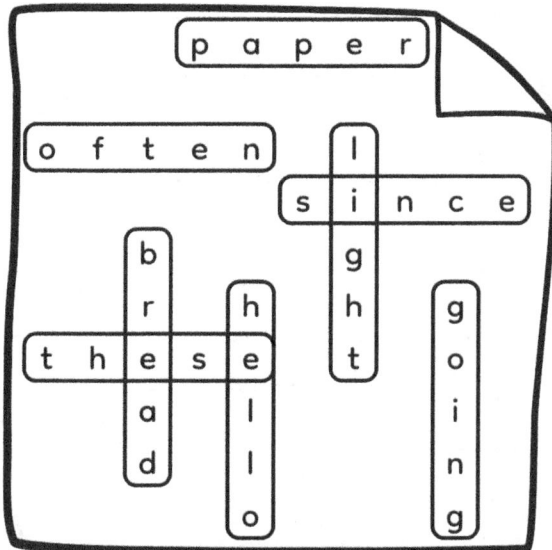

PAGE 52

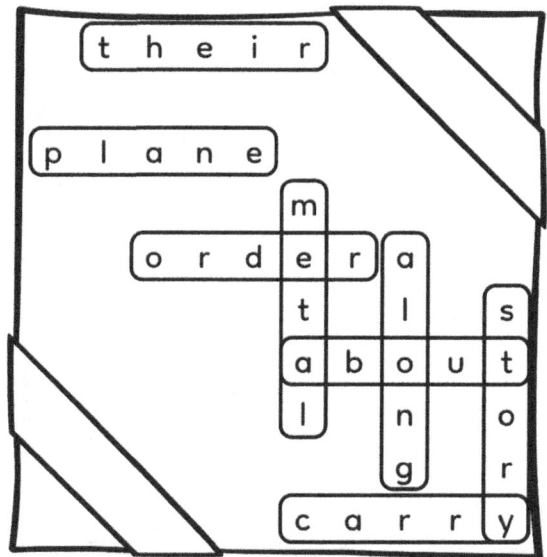

PAGE 53

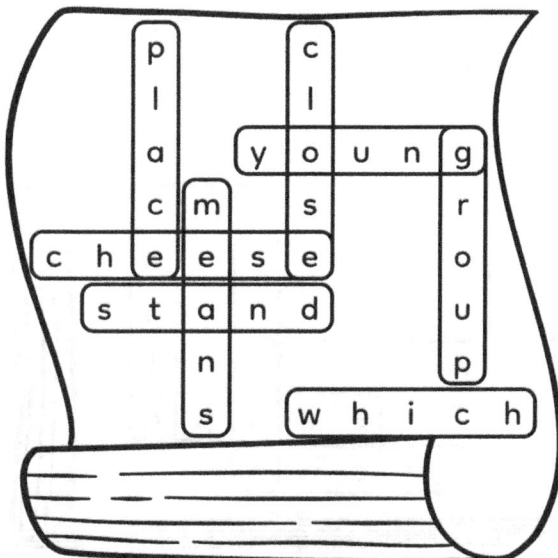

PAGE 54

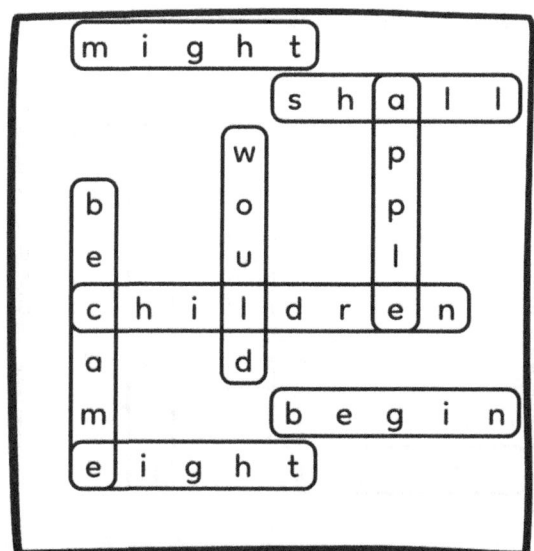

PAGE 55

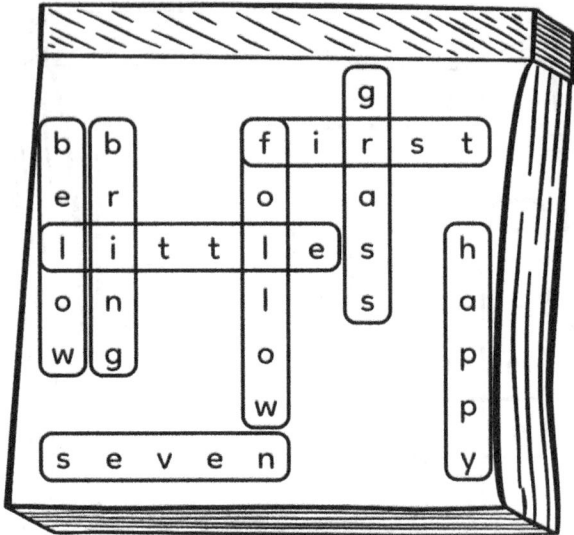

PAGE 56

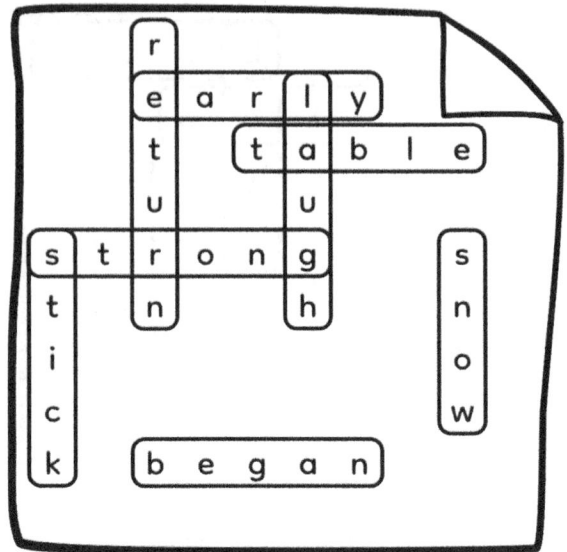

PAGE 57

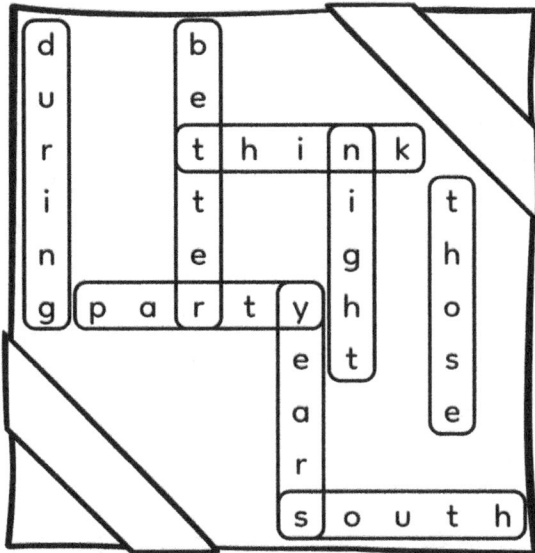

PAGE 58

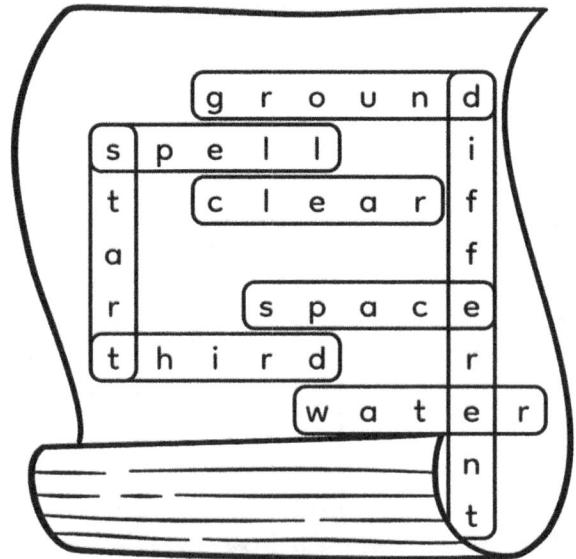

PAGE 59

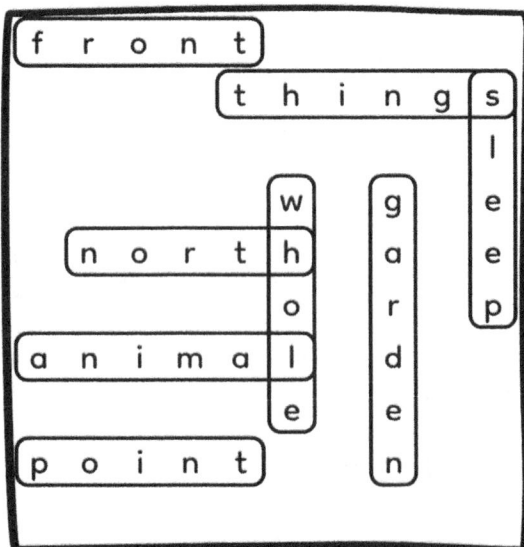

PAGE 60

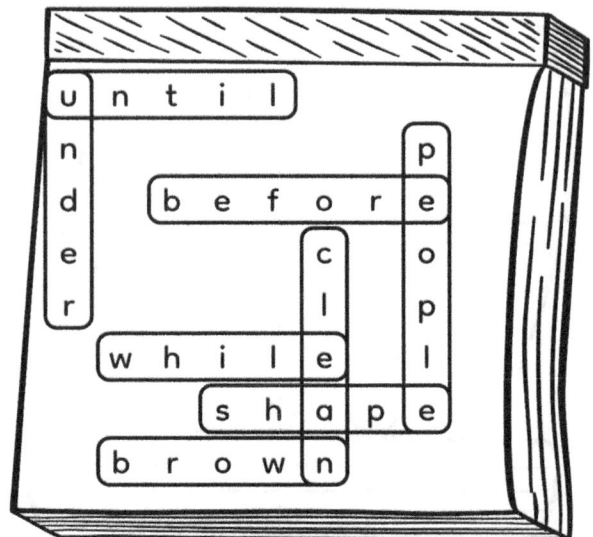

PAGE 61

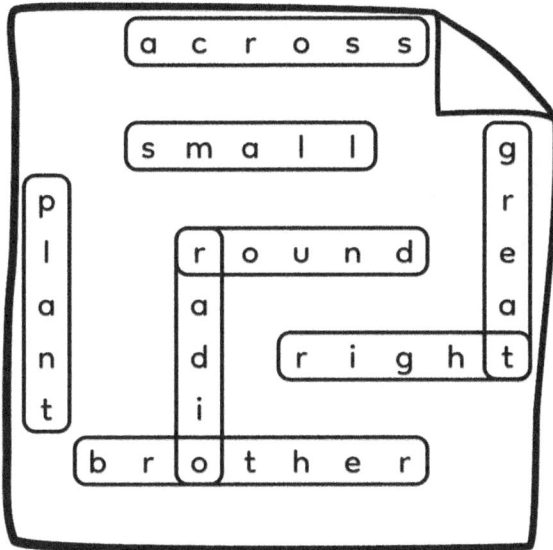

PAGE 62

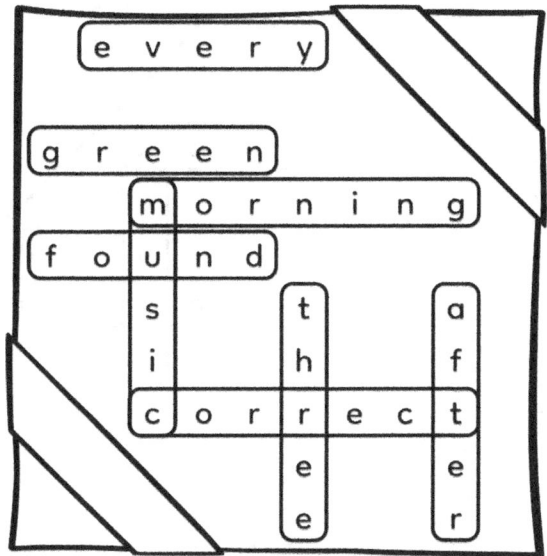

PAGE 63

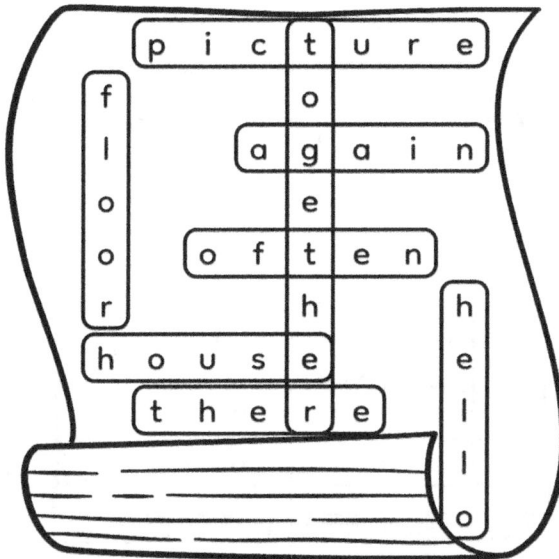

PAGE 64

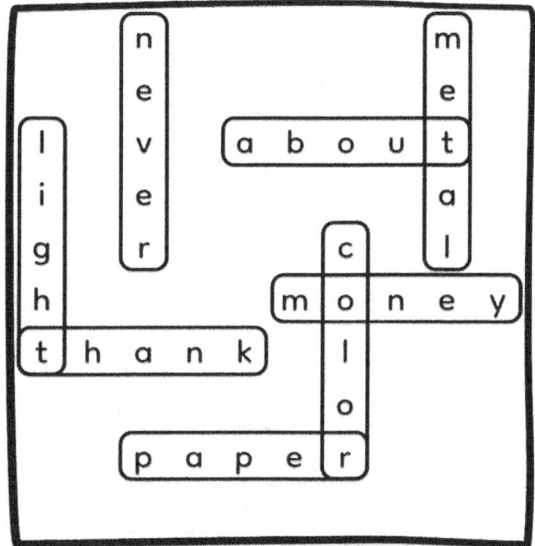

PAGE 65

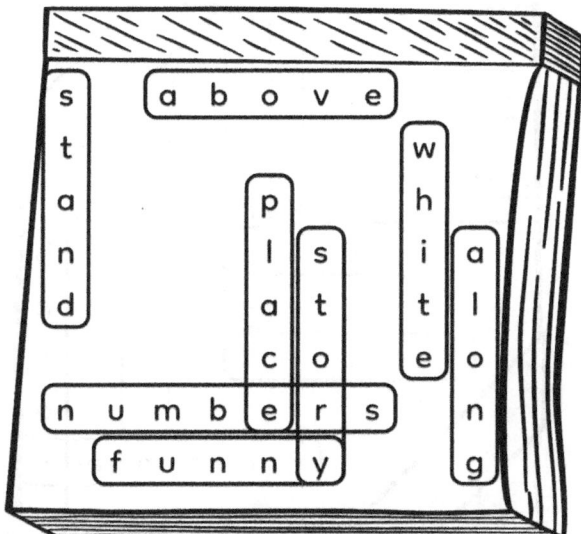

PAGE 66

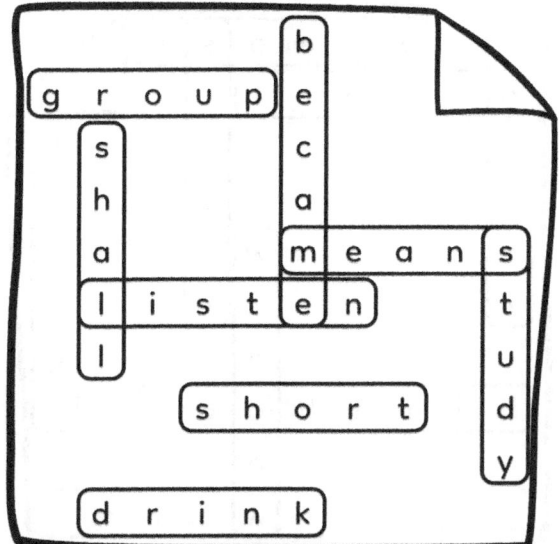

PAGE 67

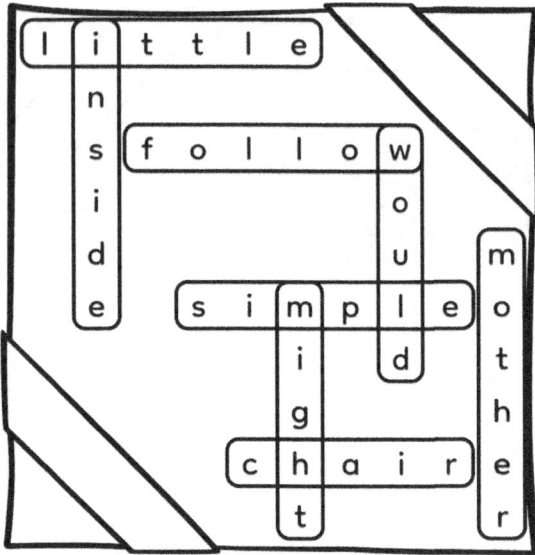

little
inside
follow
would
simple
might
chair
mother

PAGE 68

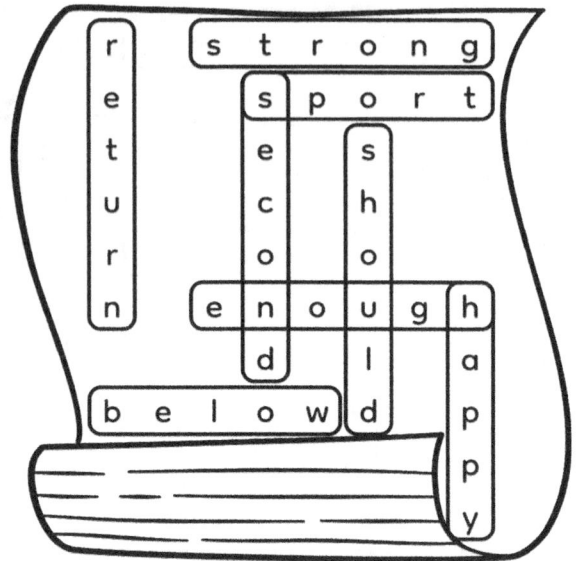

return
strong
sport
second
should
enough
below
happy

PAGE 69

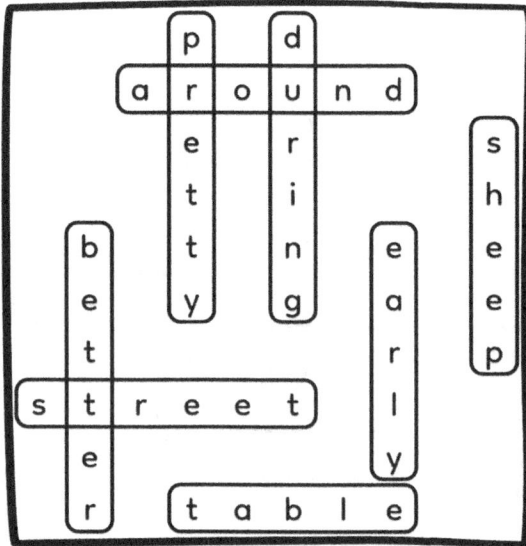

pretty
during
around
sheep
better
ring
early
street
table

PAGE 70

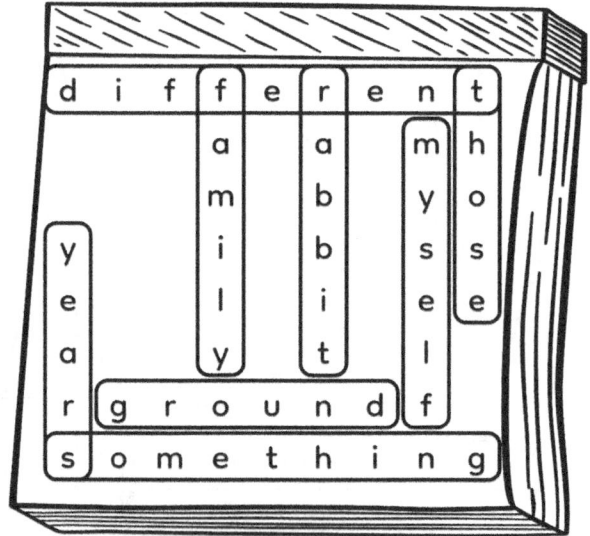

different
family
rabbit
myself
those
year
ground
something

PAGE 71

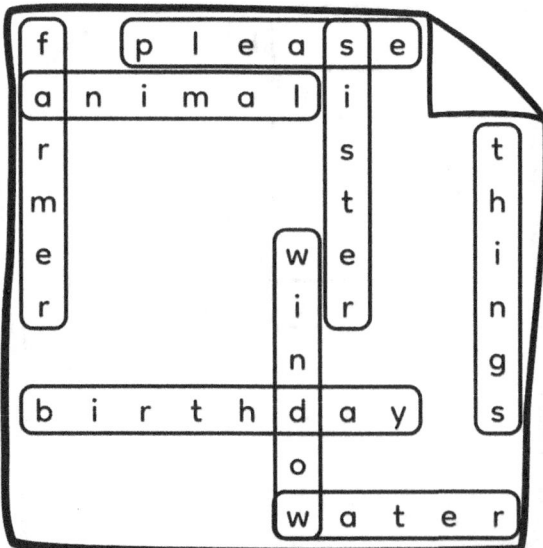

farmer
please
animal
sister
things
win
birthday
no
water

PAGE 72

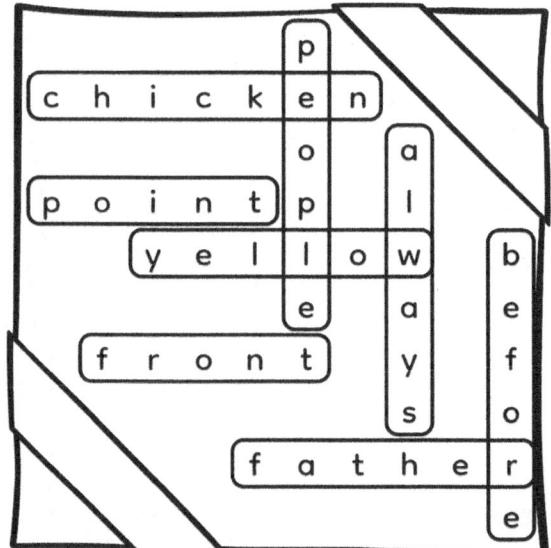

chicken
pen
point
pope
yellow
always
front
before
father